Cure suas raízes e liberte seus filhos

CARO(A) LEITOR(A),

Queremos saber sua opinião sobre nossos livros.
Após a leitura, siga-nos no **linkedin.com/company/editora-gente**,
no TikTok **@EditoraGente** e no Instagram **@editoragente**
e visite-nos no site **www.editoragente.com.br**.
Cadastre-se e contribua com sugestões, críticas ou elogios.

Heloísa Capelas

Prefácio de Izabella Camargo

Cure suas raízes e liberte seus filhos

O poder do autoconhecimento para pais transformarem culpa em amor

Gente editora

Diretora
Rosely Boschini
Diretora Editorial
Joyce Moysés
Editora
Rosângela Barbosa
Assistente Editorial
Camila Gabarrão
Produção Gráfica
Leandro Kulaif
Preparação
Debora Capella
Capa
Vanessa Lima
Projeto gráfico
Marcia Matos
Renata Zucchini
Diagramação
Renata Zucchini
Revisão
Fernanda Costa
Bianca Maria Moreira
Impressão
Grafilar

Rua Deputado Lacerda Franco, 300
Pinheiros – São Paulo, SP
CEP 05418-000
Telefone: (11) 3670-2500
Site: www.editoragente.com.br
E-mail: gente@editoragente.com.br

Dados Internacionais de Catalogação na Publicação (CIP)
Angélica Ilacqua CRB-8/7057

Capelas, Heloísa
Cure suas raízes e liberte seus filhos : o poder do autoconhecimento para pais transforarem culpa em amor / Heloísa Capelas. - São Paulo : Editora Gente, 2025.
160 p.

ISBN 978-65-5544-668-5

1. Desenvolvimento pessoal 2. Parentalidade 3. Autoconhecimento 4. Crianças – Formação I. Título

25-4299 CDD 158.1

Índices para catálogo sistemático:
1. Desenvolvimento pessoal

NOTA DA PUBLISHER

Heloísa Capelas é uma das vozes mais potentes e necessárias de nosso tempo. Ao longo dos anos, acompanhei com admiração e respeito a entrega generosa dela ao autoconhecimento, um tema que é tão essencial quanto negligenciado. Com *O mapa da felicidade*, *Perdão, a revolução que falta* e *Inovação emocional*, ela construiu uma trilogia que tocou milhares de leitores e ajudou a abrir espaço para uma nova forma de olhar para si, para os outros e para a vida.

Ela acreditava que o trabalho estava completo, até que, no segundo semestre de 2024, percebeu que ainda faltava um componente: falar diretamente com pais e mães. E dessa urgência nasceu a obra que agora está em suas mãos.

Quando li pela primeira vez o original deste livro, tive a mesma sensação que experimento sempre que escuto a Heloísa falar: a de estar diante de uma mulher que compreende profundamente o ser humano, que tem a coragem e a generosidade de acolher as dores mais íntimas de cada um de nós com afeto e conhecimento. Nos outros best-sellers, ela nos ajudou a compreender mais sobre nós mesmos e sobre o que é a verdadeira felicidade. Agora, o olhar dela se volta para formar e guiar novos seres humanos no caminho pelo mundo, um dos papéis mais desafiadores e transformadores da vida.

Portanto, saiba que este livro não se trata apenas de parentalidade. Heloísa não busca, aqui, ensinar você a educar seus filhos, e sim a cuidar do pai e da mãe, que ainda aprendem, erram e sofrem, e do filho que um dia foram mas ainda

carrega marcas e memórias que precisam de acolhimento. É um chamado para olhar para dentro.

A metáfora da árvore, que Heloísa apresenta e conduz com tanta sensibilidade nestas páginas, nos convida a reconhecer nossas raízes, observar o solo emocional onde fomos plantados e a entender que é possível, sim, reflorestar nossa história com mais leveza e amor. Ela escreve com a autoridade de quem vive o que ensina, de quem já acolheu milhares de famílias durante a jornada como especialista em inteligência emocional e, sobretudo, de quem viveu tudo isso na própria pele.

Cada capítulo é um passo em direção a uma nova maneira de ser pai ou mãe, mais livre da culpa, mais consciente da influência dos próprios padrões, mais conectado com o que realmente importa. Heloísa entrega, nesta obra, uma leitura que transforma porque reconecta. Não com o ideal de perfeição, mas com a humanidade que habita cada um de nós.

Aceite este convite para seguir por essa trilha. As descobertas que surgirem ao longo do caminho podem mudar o modo como você se relaciona com seus filhos e, principalmente, com você mesmo.

Com carinho e admiração,

Rosely Boschini
CEO e Publisher da Editora Gente

Aos pais.

AGRADECIMENTOS

Um de meus grandes mantras é "agradece, que o bem acontece", e esta obra é mais um fruto dessa expressão em minha vida.

Minha gratidão inicial a você, leitor. É por sua presença e busca que este livro existe.

À parceira e amiga Maria Cláudia Sousa, que foi fundamental para dar vida a este projeto, sempre aberta ao novo e ao constante aprendizado. Você tem minha profunda admiração.

A todos os pais com quem tive e tenho o prazer de me conectar, com destaque especial àqueles que me procuram para compartilhar as aflições e que foram a semente para o despertar desta obra.

À querida Rosely Boschini, pelo incentivo constante e por fomentar meu desejo de compartilhar saberes com o mundo. À Rosângela Barbosa, pela supervisão editorial, e a todos os profissionais da Editora Gente envolvidos em cada etapa do desenvolvimento destas páginas.

À Ângela Aparecida Miôr, pela contribuição generosa com a leitura. Ao engenheiro florestal Rafael Ciraqui, pela aula sobre árvores e por seu trabalho comprometido com o meio ambiente. Ao querido amigo Leandro Viecili, pelas conexões valiosas. À Copaíba, pelo propósito de gerar consciência, educação ambiental e novas florestas.

E a meus pais, José Rodrigues Capelas e Nelly Capelas, pelo reflorestar da vida que transmitiram a mim.

SUMÁRIO

PREFÁCIO

É importante você saber desde já que há um convite de cura neste livro.

Quando aceitei escrever o prefácio, mesmo estando no puerpério de meu segundo filho, imaginei que encontraria uma obra profunda e sensível, que seria uma companhia para os momentos solitários amamentando o Antonio. Porém, logo nas primeiras páginas, descobri que estava me beneficiando de uma leitura sem precedentes, que transcende a comunicação. Foi impossível parar de ler! Consegui ouvir e até sentir o que o silêncio de meu passado, consciente ou não, estava tentando me dizer há muito tempo.

Aliás, Heloísa escreve não apenas para quem tem filhos. Se você os tiver, será um guia precioso. Mas estas páginas são, sobretudo, um convite para você se reencontrar como filha ou filho. Ao avançar os capítulos, senti que não era apenas a mãe que lia, mas também a filha que, dentro de mim, precisava ser vista, acolhida e compreendida. Como a Helô mesma escreve, "primeiro, precisamos fazer por nós".

A parentalidade é uma aventura sem manual e a culpa é um sentimento que nos acompanha com frequência. Nos cobramos se estamos fazendo o suficiente, se escolhemos o caminho certo, se seremos capazes de proteger nossos filhos de todos os males e dores. E, sem perceber, esse fardo pode se transformar em herança, uma transferência de nossas próprias carências e culpas para os filhos que tanto

desejamos libertar. E aqui está uma das reflexões mais potentes deste livro: a culpa está enraizada em uma noção rígida de certo e errado de tempos e circunstâncias que não existem mais.

Quando nos tornamos pais, projetamos nos filhos a exigência de acertar, como se errar fosse falhar conosco. Ao entender essa dinâmica, abrimos espaço para um olhar mais compassivo e humano, tanto com eles quanto com nós mesmos. Não basta se interessar pelos seus pais e antepassados, precisamos fazer as pazes com o passado para criarmos um futuro desejável e libertarmos nossas possibilidades.

A transformação parte de nós e este livro reforça que é preciso autorresponsabilidade para buscar o autoconhecimento, reconhecer as raízes que nos sustentam e, quando necessário, abrir espaço para novas. Só assim deixamos de repetir padrões e passamos a oferecer a nossos filhos a força de nossas escolhas em vez do peso de nossas dores. Durante a leitura, percebi que a maternidade não se trata somente de criar filhos, e sim de, principalmente, recriar a nós mesmos, com nossas fragilidades e forças, com aquilo que precisa ser curado para que possamos oferecer amor saudável e verdadeiro. É possível plantar novas árvores, adubar a vida com perdão e regar nossa história com afeto.

As analogias da Helô são perfeitas. Eu, que morei minha infância e parte da adolescência em um sítio, ainda não tinha percebido que, da semente à sombra de uma árvore, novas mudas – cada uma do seu jeito, com as próprias características – podem nascer. Desejo que você sinta o mesmo impacto que tive, porque de você emerge a luz que o iluminará! Que este livro seja um sopro de coragem e esperança e que você tenha disponibilidade para aceitar o convite de se lembrar

de que somos imperfeitos, mas profundamente capazes de recomeçar sempre que necessário.

Quando o ouvido está pronto, a mensagem chega! Eu acredito!

Com carinho,

Izabella Camargo
Jornalista, palestrante, autora best-seller,
podcaster e criadora dos EPIs da saúde mental
e da Produtividade Sustentável

INTRODUÇÃO

EU VEJO SUA DOR

Ao começar estas linhas, penso no motivo pelo qual resolvi lhe escrever e em como gostaria de poder olhar diretamente em seus olhos para dizer: eu vejo sua dor. Sei que esta conversa não permite encontro físico, mas é assim que eu gostaria de estar. Por isso, quero convidá-lo a se transportar comigo pela imaginação.

Neste momento, fecho meus olhos e visualizo você e eu sentados na varanda de uma casa de campo. O local é simples e muito confortável. Entre nós há uma pequena mesa redonda de madeira e decorada com um vaso de barro bem ao centro, repleto de flores colhidas de um ipê-amarelo.

À nossa frente, nossos olhares são presenteados por um extenso vale e sua floresta exuberante. São tantos tons de verde contrastando com o azul do céu que permanecemos fixados em seu encanto. Mesmo sentados próximos, não conseguimos desviar nosso olhar dessa paisagem.

Neste momento, meu desejo é que você se sinta acolhido por essa imensidão da natureza e seu frescor, para seguirmos nosso encontro. Vamos fazer dele uma grande oportunidade de reflexão sobre nós mesmos, sobre sermos pais e sobre a vida.

Se você puder, faça isso agora. Feche seus olhos e deixe sua imaginação nos reunir nesse ambiente. Dê-se alguns instantes para que sua mente preencha os detalhes dessa varanda... Quando se sentir confortável, volte e continue a leitura.

Preciso dizer que não trarei aqui um guia ou um manual para mães e pais – ou mesmo para aqueles que não desejam gerar filhos, mas se sentem atraídos pelo propósito deste livro ou têm ligação com a educação parental. Espero seguirmos para, ao final desta conversa, preenchermos a vida com mais autoestima, autoconfiança, autocuidado, leveza, autoamor e sentido.

Lembro dos sofrimentos, das dúvidas, das inseguranças, das frustrações, dos medos e dos esgotamentos que envolvem tantas mães e tantos pais que me escrevem ou vivenciam meus cursos. São relatos em que quase ouço, no silêncio, os gritos desesperados de "Por favor, alguém me dê uma cartilha!", "Não sei o que fazer com meu filho!", "Estou sofrendo muito por causa do meu filho", "Estou confuso, não sei mais qual é a melhor forma de educar meu filho", "Não estou dando conta!".

Há mais de quarenta anos meu trabalho é voltado ao autoconhecimento e à inteligência emocional, e eu me tornei autoridade nessa área, com outras obras escritas. Atuo no Brasil com a metodologia do Processo Hoffman, considerado o maior curso de autoconhecimento do mundo, reconhecido cientificamente e avalizado pela Universidade Harvard – outros cursos também compõem minha grade de treinamentos. Acima de tudo, atendo seres humanos que desejam se apropriar de sua autenticidade e seguir em constante evolução, independentemente de serem pais.

Contudo, é natural que, ao longo dessas décadas, milhares de mães e pais vivenciassem minha sala de aula. O objetivo de cada aluno é fazer um grande mergulho interno e passar a própria história de vida a limpo. O primeiro impacto positivo é em si mesmo e, por consequência, na-

queles que estão mais próximos – filhos, cônjuges e pais. Por isso, falo com a experiência de mãe de quatro filhos e de quem dialoga profundamente com muitos pais.

A alegria da chegada do bebê vai, aos poucos, se misturando ao cansaço e aos desafios da educação em um novo contexto cultural. No meio do caminho (às vezes, logo no início), muitos pais se veem perdidos sobre, por exemplo, qual linha de desenvolvimento educacional adotar – afinal, muitos já sabem que os traumas da infância vão influenciar toda a vida daquele ser. Outros, com os filhos já crescidos, passam a se perguntar e/ou constatar: "O que foi que eu não fiz?", "O que foi que eu não vi?", "Eu poderia ter agido diferente", "O erro foi meu!", "Fiz o que pude e o que não pude por ele!", "Tudo o que fiz foi por ele!", "Mas eu dei tudo!", "Hoje ele é um ingrato!", "Faltou eu dar atenção", "Não consegui me aproximar mais, conversar...", "A culpa é toda minha!".

As dores desestabilizam famílias. Geram depressão, ansiedades, mágoas, rupturas e tantos outros problemas que interferem e dificultam a vida como um todo. Estamos, como pais, tão focados e preocupados com os filhos que esquecemos de olhar para algo fundamental: nós mesmos.

Sim, eu também já estive nesse lugar de grande dor e pude me transformar para chegar hoje com orgulho de ser quem eu sou, com a decisão de ser feliz, me amar e levar meu melhor a meus filhos. É por isso que, neste diálogo,

meu grande propósito é conduzi-lo a olhar para *você*. Essa atitude, acima de tudo, é um gesto de amor. Amor a si mesmo que se espalha aos mais próximos.

Pode ser que você esteja pensando algo assim: *Sabe, Helô, do modo como você fala, parece que ser mãe e pai traz sempre um sofrimento...*, mas deixe-me já lhe dizer que não é sempre por aí. Ser mãe e pai é motivo de muitas alegrias e emoções indescritíveis! Não há palavras que traduzam o sentimento de ouvir, pela primeira vez, as batidas do coração de seu bebê ou a emoção gerada pela chegada do filho adotivo. A maioria dos casais se prepara para receber essa criança com um misto de comemorações e esperanças. Pensamos em como "a vida nunca mais será a mesma". E muitos outros acontecimentos felizes fazem parte desse momento. E é assim com todos os pais, não há o que discutir em relação a isso.

O que proponho aqui é conversar, em especial, sobre o sofrimento de culpa que acomete muitos pais. Dificilmente, a culpa não surgirá em algum momento. Ela aparece em diferentes fases, com intensidades e dores distintas. O problema maior é quando se torna um fardo pesado que nos abala e, por conseguinte, desestrutura a própria vida.

Porém, existe um caminho para nos libertarmos dessa carga. É um caminho real, possível, e só posso lhe mostrar porque eu o percorri! É uma jornada capaz de promover grandes transformações em nossas relações continuamente: a começar pela relação conosco.

Penso que nos assemelhamos muito às árvores. Nós viemos de uma semente, germinamos, criamos raízes, necessitamos de cuidados para crescer, florescer, dar frutos e continuar a perpetuar para que novas sementes cheguem

à vida! O ciclo de uma árvore é composto de quatro fases: nascimento, crescimento, reprodução e morte. Assim como o nosso. É incrível como nos conectamos com esse ciclo da natureza. Isso me faz refletir sobre o magnetismo que nos atrai a admirá-la quando estamos diante de seus cenários.

Se prestarmos atenção, a sabedoria da natureza tem muito a ensinar sobre nós mesmos. Já reparou como a simbologia das árvores permeia nossa própria história de ancestralidade e expressões? Falamos sobre a "árvore genealógica", a "árvore da vida", as "raízes culturais", os "frutos do trabalho", as "sementes do futuro", os "galhos do conhecimento", os "ciclos das estações" e tantos outros significados desse campo semântico!

A árvore é um símbolo poderoso e versátil para nos ajudar a refletir sobre nossa existência humana, nosso crescimento e nossas conexões. Eu sempre gostei das metáforas. Elas nos auxiliam a compreender nossa própria complexidade, transformam o abstrato em algo mais concreto, criam sintonia emocional e arquivos de memórias que acessamos com mais facilidade.

E olhando a imensidão dessa floresta que colocamos imaginariamente diante de nós, pergunto: "Afinal, para que estamos vivos?".

Não precisa me responder nada agora. Deixe a pergunta ecoar dentro de si... As respostas surgirão durante nossa conversa.

Lembro-me das árvores e questiono: "Você já se perguntou por qual motivo as árvores existem?".

Os cientistas já nos deram diversas respostas e, sem as árvores, a vida em nosso planeta se extinguiria.[1] Acredito que seja um bom começo refletirmos sobre a metáfora da vida.

Hoje existem muitos olhares e estudos do desenvolvimento humano e da educação parental, mas a maioria ainda olha mais para os filhos, questionando: "O que vamos fazer por nossas crianças?". O que proponho é uma inversão: "O que podemos fazer por nós, pais, primeiro e agora?". Longe de ser egoísmo, esse auto-olhar é imprescindível para que possamos ampliar a visão sobre nós e, consequentemente, sobre nossos filhos e tudo o que nos cerca.

A solução para aliviar seu sofrimento começa, sempre, dentro de você.

Então, aceita o convite para seguirmos em frente? Temos coisas importantes a analisar, e você descobrirá que há muito mais ar para se respirar, mais bem-estar e felicidade para se experienciar, e muito mais vida para se viver!

[1] O QUE aconteceria se todas as árvores do mundo desaparecessem? **G1**, 7 out. 2019. Disponível em: https://g1.globo.com/natureza/noticia/2019/10/07/o-que-aconteceria-se-todas-as-arvores-do-mundo-desaparecessem.ghtml. Acesso em: 9 fev. 2025.

A SOLUÇÃO PARA ALIVIAR SEU SOFRIMENTO COMEÇA, SEMPRE, DENTRO DE VOCÊ.

Cure suas raízes e liberte seus filhos

@heloisacapelas

01.
QUANDO NASCE A CULPA

Quando surge essa culpa capaz de doer fisicamente em nós? Por que, inúmeras vezes, nos sentimos perdidos em relação aos nossos filhos? Tememos fracassar em nossa missão e nosso filho "não dar certo". Sofremos por projetar o futuro de nosso filho em um mundo caótico e violento; por nos ausentarmos de sua vida em decorrência de trabalho; por nosso filho ser diagnosticado com depressão, ansiedade ou qualquer outro transtorno; por tê-lo mimado ou superprotegido.

Temos dificuldade de nos relacionarmos com ele. Sentimo-nos perdidos sobre os limites que devemos estabelecer. Sofremos por desejar que nosso filho não sofra. Sofremos pelo medo de sermos criticados e julgados, como pais, pelos outros e pela sociedade. Sofremos por não termos realizado o que gostaríamos em nossas próprias vidas por causa de nossos filhos. Há um emaranhado de questões que levam mães e pais a se sentirem confusos, esgotados, cansados e culpados, e isso independentemente do formato das famílias.

Penso que aquela famosa frase "quando nasce uma mãe, nasce uma culpa" tem sua sabedoria popular. É verdade que os homens hoje estão mais participativos do que já foram

no passado.[2] No entanto, ainda fica sob a responsabilidade da mulher a maior parcela dos cuidados sobre a criação dos filhos, e isso vale tanto para o Brasil quanto para muitos outros lugares do mundo. Assim, é natural que o sofrimento seja maior entre elas. Vem delas também a maior quantidade dos pedidos de ajuda que recebo. Por isso, vez ou outra, pode ser que você perceba que nesta obra eu me refiro mais às mulheres, mas, independentemente do gênero, muitos de nós estamos vivendo conflitos em relação aos filhos.

De verdade, se quisermos encontrar o caminho para as mudanças, é fundamental compreender onde essa história começou. Caso contrário, continuaremos reverberando insatisfações e presos aos pesados fardos das culpas que nos acompanharão e serão transmitidas às próximas gerações. Faremos isso no decorrer de nossa conversa, mas, por agora, vamos olhar mais de perto como as culpas, devagarinho, vão se instalando em nosso dia a dia, desde as pequenas rotinas.

SERÁ QUE DOU CONTA?

Quando um filho chega, mesmo antes do nascimento, começamos a idealizar o futuro dele. A vida daquele ser tão pequenino está em nossas mãos, pois ele é totalmente dependente de nós. É um misto de superpoder e desespero. A

[2] APENAS metade dos pais brasileiros se consideram "participativos" na criação dos filhos, diz estudo. **Crescer**, 29 jul. 2022. Disponível em: https://revistacrescer.globo.com/Educacao-Comportamento/noticia/2022/07/apenas-metade-dos-pais-brasileiros-se-consideram-participativos-na-criacao-dos-filhos-diz-estudo.html. Acesso em: 9 fev. 2025.

dimensão de responsabilidade que essa consciência traz nos leva instantaneamente a pensar: *Será que dou conta?*

O instinto natural de nutrir, proteger e instrumentalizar o filho para a vida brota forte, e junto nascem nossas preocupações e as famosas culpas.

Sim, nasce a culpa porque temos a sensação de que **não seremos bons o suficiente.** Essa é uma experiência que acontece dentro de nós e é completamente inconsciente. Nossos pensamentos, sentimentos e ações é que nos revelarão – se estivermos atentos.

Já na primeira infância, quando a criança adoece de repente, ficamos desesperados: "O que será que eu fiz de errado?", "Eu não fechei a janela e ela pegou uma friagem". Se tem uma diarreia, a mãe pensa logo que deu o leite errado, a comida errada etc. Criança é um ser muito vulnerável, desprotegido, não tem recursos ainda, e tudo o que acontece de errado com ela se volta para essa mãe e para esse pai, que pensam: *Eu não fiz direito.*

São exemplos que podem parecer sutis, mas todas essas situações reforçam a crença imperceptível de que não daremos conta e não somos bons o suficiente. Dessa forma, qualquer coisa que aconteça de negativo com o filho, ou o envolva, será como um espelho e mostrará: "Eu não sou uma boa mãe", "Eu não sou um bom pai", "A culpa é minha".

Primeiro, vamos entender um pouco mais sobre o quanto esse processo de culpa formou raízes em nós. Isso é tão forte que há também quem apenas opte por escolher uma culpa, ou seja, reconhece que a culpa é um fato inevitável, e não uma alternativa.

Minha amiga Márcia[3] compartilhou o dilema dela nas redes sociais. Ela é uma empresária autônoma em franca ascensão de carreira. Comemorava ainda o nascimento do primogênito, Pedro, que completara 3 meses, e se viu diante de uma nova decisão. Apesar de ainda estar num período de ausência no trabalho, havia uma reunião de conselheiros muito importante, para a qual ela se preparou com afinco. Pensou: *Retiro o leite do peito e deixo tudo organizado com a babá, fico fora só umas três horinhas, ele dormirá... Dará tudo certo*. Mas, naquele dia, Pedro queria mamar mais, apresentou uma demanda diferente, e Márcia não se sentia segura em deixá-lo com a babá; o pai estava fora e não poderia voltar para casa. Enfim, ela preferiu declinar da reunião e ficar com o filho. Contou-nos essa história e escreveu: "Eu escolhi minha culpa".

E você, se estivesse exatamente no lugar da Márcia, qual das culpas escolheria?

Ela fez a melhor escolha, em meu ponto de vista. O filho ainda estava muito pequeno para se separar dela, porém Márcia também está construindo uma carreira. Então, como não pensar sobre isso e as possibilidades? Afinal, se Pedro dormisse umas três horas direto teria dado tudo certo. Será? Por outro lado, não participar da reunião poderia representar que ela estava escolhendo a preguiça ou a perda de oportunidades valiosas. São tantos questionamentos! E Márcia teve a coragem de expor o sofrimento dela. Quando li o relato, pensei: *Nossa, pode ser a primeira culpa de uma vida inteira.*

Esse é um exemplo de sofrimento pelo qual muitas mães passam.

---

[3] Todas as histórias deste livro são verídicas, mas com nomes modificados para preservar a identidade das pessoas envolvidas.

EU VIVI MUITAS CULPAS

Eu vivi muitas culpas como mãe e as compartilharei ao longo de nossa conversa, mas duas me marcaram e as destaco neste início: fui a filha-problema e não me considerava boa o suficiente. Vamos voltar a minha infância.

Fui uma filha que deu vários problemas, e meus pais se preocuparam muito comigo.

Meu pai era um encantador de crianças, uma pessoa divertida que adorava contar histórias, inventava piqueniques em um terreno baldio para brincar com os quatro filhos e se preocupava em levá-los sempre para passear, mesmo sem recursos financeiros. Lembro de quando pegávamos o ônibus na periferia de São Paulo e íamos a algum parque, enquanto minha mãe cuidava da casa. Mas esse homem fantástico tinha também seu lado tiranossauro com as palavras. Ele costumava dizer, por exemplo, que eu era a "maçã podre da caixa".

Eu tirava boas notas na escola, ajudava minha mãe, era uma menina legal, mas era mentirosa. Começou com uma mentira aqui, outra ali, e isso crescia conforme as histórias ficavam mais elaboradas – só mais tarde vim a entender que essa era a forma que eu havia encontrado para chamar a atenção daquele sistema familiar. Seu José, meu pai, falava que eu era legal "provisoriamente", porque, quando crescesse, teria muitos problemas. Ele repetia isso com frequência, e junto eu ouvia também: "Meus cabelos brancos são por causa de você".

Bem, essa fase passou. Cresci, formei-me, consegui um bom emprego e casei-me com o rapaz por quem estava muito apaixonada. Nossa! Eu já tinha sido pra lá de beneficiada por

todas essas conquistas e que só aumentaram com a chegada de nossa primeira filha, a Beatriz!

Eu sempre tive em mente o desejo de ser mãe de quatro filhas, e não me pergunte como, mas eu sabia que na primeira gestação já era uma menina – isso acontece com muitas mamães, parece que estamos ainda mais conectadas com o poder de nossa intuição. Esse foi um período de grande expectativa, e a escolha do nome já revelava isso. Beatriz tem origem no latim, deriva do termo *beatus* e significa "aquela que traz felicidade" ou "aquela que faz os outros felizes". E ela realmente chegou para nos ensinar sobre a felicidade.

Aliás, meu primeiro livro tem como título *O mapa da felicidade* e foi inspirado em minha trajetória com a Beatriz e minha experiência junto ao Processo Hoffman. Eu havia encontrado esse mapa e necessitava compartilhá-lo com as pessoas. Mas essa é outra história.

Voltemos ao nascimento da Beatriz. Ela chegou muito esperta e sorridente e, aos 9 meses, já cantava "Parabéns pra você"! Desde pequenina, ela adorava os bichos e tinha o quarto decorado com vários deles. Diversas vezes em que tinha dificuldade para dormir, me chamava de madrugada e pedia para eu repetir os nomes dos animais que decoravam a cômoda em seu quarto. E lá ia eu. Depois de quase terminar a coleção e pular, de propósito, o nome do elefante, ela dizia:

"E o *fanfanteee*?", com aquela carinha risonha, me avisando que eu tinha me esquecido de um bichinho.

Essa é uma memória especial que guardo desses momentos. Em síntese, a Bê era uma criança saudável e já me inspirava a programar a segunda filha (sim, eu queria outra menina). E assim foi! Quando a Beatriz completou 1 ano e

2 meses, engravidei da Estela – lembre-se de que meu objetivo eram quatro, e eu tinha pressa.

Passaram-se seis meses, a barriga cresceu, a Beatriz tinha 1 ano e 8 meses e continuava uma menina alegre (mas ainda com dificuldades para dormir). No entanto, houve uma noite que foi muito mais difícil do que as outras. A Bê estava com uma indisposição que a incomodava muito, e nós duas ficamos acordadas na madrugada. No dia seguinte, nem consegui sair para trabalhar. Meu então marido, neonatologista na época, seguiu para a rotina de atendimento no Hospital Albert Einstein, em São Paulo. Eu consegui cochilar por umas duas horas e fui despertada por um novo choro, mas agora eu sabia que era fome, então, fiz a mamadeira, coloquei-a em meu colo e, de repente...

Seus olhos começaram a virar, ficaram brancos, ela endureceu, estava toda roxa, esquisita... Entrei em pânico! Achei que era um engasgo, pedi socorro aos vizinhos, e não demorou muito para a Bê começar a voltar ao normal sem termos feito nada. Vim a compreender depois que o ocorrido havia sido, na verdade, sua primeira crise de convulsão. A partir de então, elas nunca mais pararam, e a Beatriz ficou com sequelas, passando a ser uma pessoa com deficiência intelectual.

Quando a Estela nasceu, trouxe novas alegrias à família, mas chegou em meio a um ambiente caótico. A irmã convulsionava vinte vezes ao dia. Eu amamentava um pouco minha nova bebê e tinha de correr para socorrer a Bê em outra convulsão – tenho uma gratidão enorme aos meus pais por me auxiliarem demais nessa fase. Mas o fato é que saí da realização do sonho da maternidade para a perda cognitiva da Beatriz e, assim, vivi os extremos de ser mãe de uma filha com deficiência intelectual e de outra que descobrimos ser

superdotada. Sim, quando Estela tinha entre 5 e 6 anos, o pai e eu percebemos que ela se destacava no desempenho intelectual. Fiquei perdida e confusa? Muito! Eu não sabia o que fazer com elas – nem eu, nem ninguém.

Foram anos iniciais de muito sofrimento e, de modo análogo, percebi que eu havia deixado meus pais no mesmo lugar em relação a mim. Eles não sabiam o que fazer comigo, em minha infância e adolescência, porque eu não parava de mentir. Por dentro, bem lá no fundo, meu sentimento sobre tudo o que estava acontecendo em minha vida era de que "eu merecia", "era justa" toda aquela dor. Eu nunca perguntei "Por que comigo?". Afinal, tinha de ser comigo, porque eu acreditava que não havia sido boa o suficiente, havia sido a filha-problema.

Quero aproveitar este espaço para falar sobre algo muito importante para mim e que acompanho nas redes sociais. Quando tratamos de questões que envolvem os filhos ou de situações como a da Beatriz, muitos de nós podemos associar os acontecimentos, ou as soluções, a questões religiosas ou diretamente a Deus. Sou uma espiritualista e creio muito em Deus, mas eu não O trago em meus ensinos porque não tenho essa autoridade, sou só uma simples humana. Ele é tão grandioso que seria uma incoerência, para mim, citar o nome dEle. Eu só posso falar a partir de mim e de minha vivência humana. Todo o trabalho de autoconhecimento que realizo baseia-se na metodologia Hoffman e em meus estudos, sempre pautados em conhecimentos científicos. Como especialista que leciona há quatro décadas, recebo em minha sala de aula pessoas de todos os credos, assim como ateus, agnósticos e apateístas. Os saberes religiosos fazem parte de muitos de nós, e cada um pode levar a própria crença para

essa jornada e, se desejar, fortalecê-la – esse é um caminho individual e de bastante respeito. No entanto, o aprendizado do autoconhecimento refere-se a "você e sua experiência humana". É assim que seguiremos, juntos e com muito acolhimento, o caminho neste livro.

Retomando o momento de minha história no qual me achava merecedora de todos aqueles sofrimentos, por dez anos busquei incansavelmente todas as formas de cura para a Beatriz. Meu marido, pediatra e com conhecimentos médicos, não concordava com minhas atitudes de esperança e que nunca deram mesmo em nada. Ao final, minhas tentativas fracassadas pareciam reforçar que tudo o que eu fazia piorava a situação de minha filha.

Pensava que até estava em um bom caminho antes da primeira crise da Bê, pois trabalhava para o Serviço Social de graça, tinha um bom emprego e casamento, havia me "emendado", como dizia minha mãe. Entretanto, de repente, passei a refletir: *Não consertei nada e olha o que faço com minha filha; só pioro a situação. Mereço o sofrimento.*

Existiam duas culpas. Uma por eu ter sido uma menina-problema, então merecia todos aqueles problemas. Outra porque os acontecimentos só confirmavam o que meu pai repetia, e eu não era mesmo boa o suficiente. Inconscientemente, eu fortalecia cada vez mais essas crenças.

O mais grave de tudo o que eu vivia com a Beatriz é que eu cobrava demais dela. Esperava uma evolução e queria que ela se comportasse como antes. Em síntese, demorei

bastante tempo para aceitar a deficiência intelectual. As mudanças não aconteceram de modo abrupto, e houve períodos em que eu tentava recuperar o que ela ia perdendo.

Então, existia em mim uma arrogância proporcional à minha culpa. Eu acreditava que curaria a Beatriz. Se ela sarasse, se parasse de convulsionar... Enfim, eu teria me redimido.

A cura de Beatriz representava muito mais minha própria cura, e eu poderia contar ao mundo: "Nossa, eu consertei essa bagunça toda... Ah, ficou só um negocinho na perna, ela anda meio estranho...". Mas não. Além de as convulsões nunca pararem, as dificuldades da Bê se agravavam.

Nesse looping sem fim ou eu parava para olhar para mim ou teria sucumbido a tanta dor. Teria gerado uma doença que me levaria ao fim. Eu vivia a culpa e a arrogância, a esperança e a frustração; e, com as devidíssimas proporções, praticamente todos nós, pais, experienciamos um pouco ou muito disso.

Quando eu era criança, não tinha nenhuma deficiência e era uma menina linda, alegre, brincalhona, inteligente, hábil, competente... e meus pais viveram a arrogância de quererem me consertar e a culpa por terem tido a filha mentirosa. Veja como é similar. Enquanto procurava a cura da Bê, eu repetia inconscientemente meus pais.

Eu conto de mim para que você possa começar a olhar para sua própria história de infância na relação com seus pais, pois cada história carrega consigo suas alegrias e dores únicas – e não há como nos compararmos para afirmar que a dor do outro é maior ou menor que a nossa. Dor é dor.

Porém, uma coisa o autoconhecimento tem me ensinado ao longo destas décadas: nós copiamos nossos pais in-

conscientemente e, como pais, carregamos o sentimento de culpa e o desejo de querer consertar os filhos. Novamente reforço que esse é um processo que se dá sem percebermos. Vivemos um grande automatismo que nos faz seguir fazendo as mesmas coisas sem nos questionarmos. É por isso que minha proposta neste livro envolve provocar você a olhar para si e se perguntar: "Como foi minha história nessa área? Será...?".

Para começar, tenha curiosidade a seu respeito. Quando eu falar da formação da criança, quero que pense em você, como foi sua formação. Nossa lógica é, imediatamente, colocar o olhar nos filhos, mas aqui vamos mudar isso, combinado? Claro que haverá muitos momentos nos quais pensaremos ao mesmo tempo neles e em nós, como pais. No entanto, todo nosso treino é trazer o foco para o **filho que está dentro de nós**.

Vamos seguir em frente para refletir agora mais sobre a culpa dos pais a partir da fase da adolescência dos filhos.

CHEGAM NOVAS CULPAS

Enquanto os filhos são pequeninos, temos muito medo de errar com eles e os instruímos para que essa árvore se desenvolva sadia, fazendo reparos em seus galhos, aqui e ali. Quando começam a crescer (em nosso ponto de vista), eles é que passam a errar, e queremos continuar consertando-os.

A adolescência é a fase em que os filhos passam de espectadores a questionadores – e não significa que farão perguntas a nós. É um novo processo de descobertas em que questionam a si mesmos e a própria relação com a família.

Cada filho é uma árvore única e, por mais que ofereçamos o suporte necessário, o crescimento deles nos gerará inseguranças: em relação à maior independência, ao entendimento da sexualidade e a tantas outras coisas mais. Se algo não sair como planejado, a culpa estará grudada nos pais.

Na fase da adolescência, as árvores espicham para cima, em direção ao sol, e para baixo, para fixar as raízes. Para os filhos, esse é um momento de muitas descobertas, o que envolve um distanciamento em relação aos pais – no ciclo natural da vida, eles precisam aprender a se sustentar sem nós.

O pediatra Daniel Becker, no livro *O que é adolescência*,[4] cita essa fase como uma metamorfose, comparando-a à transformação da lagarta em borboleta.

> *E, então, devagar e gradativamente, a criança inicia a construção do que será a sua adolescência, dentro e através da qual se transformará. Para isso, ela muitas vezes precisa deixar de se relacionar tanto com o mundo que a cerca para se fechar um pouco em seu casulo, e se relacionar agora mais consigo mesma, com sua própria metamorfose.*

Apesar de esse período sempre existir, o fato é que temos agora muitos pais que sofrem pelos filhos que não querem mais sair do quarto. Os jogos eletrônicos e a pandemia de covid-19 intensificaram o problema dos adolescentes que passam a maior parte do tempo fechados nos próprios quartos, conectados à internet e isolados socialmente. São os filhos do

[4] BECKER, D. **O que é adolescência**. São Paulo: Brasiliense, 1999. p. 47.

quarto ou a "geração do quarto", como cita o doutor em educação Hugo Monteiro Ferreira no livro *A geração do quarto: quando crianças e adolescentes nos ensinam a amar*.[5]

Diferenciar o isolamento natural do que representa o comprometimento à saúde mental é um novo aprendizado para todos nós como sociedade. Há muitos especialistas trabalhando nesse sentido para melhor auxiliar os pais, e não é meu objetivo aprofundar tal questão neste livro, mas preciso chamar a atenção para o fato de quanto fomos nos trancando dentro de nossas próprias casas e reafirmando que lá fora é um lugar muito perigoso.

Há quem opte hoje por não ser mãe ou pai justamente por pensar: *Como vou colocar um filho em um mundo tão perigoso quanto o de hoje?!* Você já ouviu algo parecido?

Construímos muros, grades, cercas elétricas de proteção e, especialmente nas grandes cidades, colocamos câmeras de vigilância fora e dentro de casa (inclusive para olhar o que os filhos estão fazendo). Tudo para nos sentirmos mais seguros. Mas, na contramão, o que ensinamos sem perceber é que o melhor mesmo é ficar em casa.

Não pretendo levantar o debate da segurança em nosso país e no mundo; os problemas existem, e estamos todos buscando fazer nosso melhor. No entanto, é importante observarmos o paradoxo que construímos, pois hoje muitos pais querem desesperadamente saber como tirar os filhos de dentro dos quartos. Sentimo-nos culpados? Sim.

Outro ponto que gera preocupação e traz impactos diretos na sensação de culpa dos pais é o aumento dos casos de

---

[5] FERREIRA, H. M. **A geração do quarto**: quando crianças e adolescentes nos ensinam a amar. Rio de Janeiro: Record, 2022.

ansiedade, depressão e suicídio entre crianças e jovens. Em 2024, o Brasil registrou que o número de atendimentos de ansiedade entre pacientes de 10 a 14 anos foi maior que os dos adultos. A taxa de atendidos nessa faixa etária foi de 125,8 a cada 100 mil, e a de adolescentes, de 157 a cada 100 mil. Já entre as pessoas acima de 20 anos, o número foi de 112,5 a cada 100 mil. A análise foi realizada pelo jornal *Folha de S.Paulo* a partir de dados da Rede de Atenção Psicossocial (RAPs), do Sistema Único de Saúde (SUS).[6]

A depressão, em todo o mundo, é considerada uma das principais causas de doença e incapacidade entre os adolescentes, e metade de todas as condições de saúde mental começam aos 14 anos, mas a maioria não é detectada nem tratada, segundo a Organização Pan-Americana da Saúde (Opas).[7] O alerta também vem em relação à taxa de suicídio entre jovens. Um estudo do Centro de Integração de Dados e Conhecimentos para Saúde, da Fundação Oswaldo Cruz (Fiocruz),[8] mostra que houve crescimento de 6% ao ano no

---

[6] MARIANI, D. *et al.* Registros de ansiedade entre crianças e jovens superam os de adultos pela 1ª vez no Brasil. **Folha de S.Paulo**, 31 maio 2024. Disponível em: https://www1.folha.uol.com.br/folhateen/2024/05/registros-de-ansiedade-entre-criancas-e-jovens-superam-os-de-adultos-pela-1a-vez.shtml. Acesso em: 14 fev. 2025.

[7] ORGANIZAÇÃO PAN-AMERICANA DA SAÚDE – OPAS. **Saúde mental dos adolescentes**. Washington, D.C.: OPAS, [s. d.]. Disponível em: https://www.paho.org/pt/topicos/saude-mental-dos-adolescentes. Acesso em: 14 fev. 2025.

[8] SEBASTIÃO, M. Estudo aponta que taxas de suicídio e autolesões aumentam no Brasil. **Portal Fiocruz**, 20 fev. 2024. Disponível em: https://portal.fiocruz.br/noticia/2024/02/estudo-aponta-que-taxas-de-suicidio-e-autolesoes-aumentam-no-brasil. Acesso em: 14 fev. 2025.

Brasil, entre 2011 e 2022. Nesse mesmo período, as notificações por autolesões entre pessoas de 10 a 24 anos aumentaram 29% a cada ano.

Só de olharmos os dados, parece que já ficamos angustiados, não é mesmo? É um alerta sério a todos nós e que reforça a importância de cuidarmos da saúde mental de toda a família, não apenas da do filho.

Apesar de ainda pouco estudada, a saúde mental dos pais também é afetada. Em pesquisas realizadas pela Faculdade de Educação de Harvard, nos Estados Unidos – uma com jovens e a outra com os pais e cuidadores –, os resultados mostraram que os pais sofriam com índices similares aos dos problemas dos filhos. "Enquanto 18% dos adolescentes diziam sofrer de ansiedade, o mesmo valia para 20% das mães e 15% dos pais. Já a depressão afetava 15% dos adolescentes e, ao mesmo tempo, 16% das mães e 10% dos pais."[9]

Já um estudo divulgado pelo portal *O Globo*[10] e feito pelo Centro de Pesquisa Pew, em Washington, revela que a maioria dos pais e das mães diz sentir que os sucessos ou fracassos dos filhos se refletem neles mesmos, e uma parcela significativa se sente julgada pela criação que dá aos filhos.

---

[9] IDOETA, P. A. Pais de adolescentes estão tão solitários e depressivos quanto filhos, mas são ignorados. **BBC News Brasil**, 7 ago. 2023. Disponível em: https://www.bbc.com/portuguese/articles/cv21ejrpxgno. Acesso em: 14 fev. 2025.

[10] MILLER, C. C. "Exaustos, esgotadas": como a autocobrança de serem mais presentes com os filhos tem afetado a saúde mental dos pais e das mães. **O Globo**, 17 set. 2024. Disponível em: https://oglobo.globo.com/saude/noticia/2024/09/17/exaustos-esgotados-como-a-autocobranca-de-serem-mais-presentes-com-os-filhos-tem-afetado-a-saude-mental-dos-pais.ghtml. Acesso em: 14 fev. 2025.

Trata-se de pesquisas que podem se assemelhar a situações no Brasil e devem se replicar em outros lugares do mundo.

Não posso deixar de mencionar que esse assunto também me faz lembrar outro ponto importante: a medicalização da vida. A tristeza, por exemplo, é um sentimento que faz parte do ser humano, mas quanto será que estamos vinculando a transtornos mentais situações que podem ser naturais em uma pessoa e buscando soluções nos remédios? É claro que os remédios têm seu papel fundamental em muitos casos, mas os próprios profissionais de saúde já vêm discutindo esse assunto há algum tempo e, como sociedade, precisamos também estar alertas e desenvolver maior criticidade sobre o tema. Na busca por fazer o melhor e, muitas vezes sem saber o que fazer, saímos da infância das brincadeiras no quintal e fomos para os consultórios médicos. São questões que podem envolver pais e filhos, e em todas as idades.

A chegada da fase adulta pode ser também marcada por outros pontos. O que percebo, além da culpa, é que muitos pais sentem raiva do filho. Mas, como assim, raiva? Explico. Há uma parcela dos pais que fizeram de tudo, deram tudo ao filho, pagaram a melhor escola, o filho foi sempre muito amado e agora externam: "Ele me trata mal!", "Está envolvido com drogas", "Não se interessa em fazer nada", "Virou isso aí...".

Os filhos continuam sendo muito amados, mas existe uma consternação nesses pais que sofrem em via dupla. Por um lado, porque a sociedade olha para eles com pena ("Nossa, seu filho é assim, poxa, que pena") ou com cobrança e culpa ("O que foi que você fez com esse menino? Porque inocente você não é!", "Alguma coisa faltou para ele", "Você não deu atenção", "Você fez ele se perder"); e por outro, porque os filhos não são aquilo

que os pais desejariam que fossem. A série *Adolescência*, da Netflix, é um exemplo que retrata essa questão.

Os conflitos geracionais sempre existirão, mas percebo o quanto os pais da atualidade se sentem perdidos diante de tantas mudanças. É possível encontrarmos uma saída para essas dores? Sim, e é para lá que caminhamos. Refletir sobre os problemas e as causas a fim de compreender melhor quais passos são necessários para diminuir ou eliminar o peso das culpas faz parte do processo. Por isso, um ponto fundamental é falarmos de nossas frustrações.

02.

O QUE MEU FILHO PRECISA FAZER PARA QUE ME CONSIDEREM UMA BOA MÃE OU UM BOM PAI

Criamos expectativas antes mesmo da concepção de um filho, mas, quando as coisas não saem como o planejado e eles não são o que achamos que deveriam ser, surgem aqueles pensamentos já citados: "Não sou uma boa mãe", "Não sou um bom pai", "Eu errei".

Se prestarmos atenção, a idealização começa no planejamento: engravidar na hora certa, manter-se trabalhando até o final da gestação, ter um parto conforme nossa decisão. Esperamos que o bebê durma bem, não chore à noite, mame com facilidade etc. Mais tarde, a expectativa é que ele coma todos os alimentos, largue a chupeta e a fralda na idade "correta", ande no tempo "certo" etc. Tudo isso pode parecer natural, mas carrega um peso silencioso: esperamos que nossos filhos sigam essas fases corretamente, não é? Agora pense: você acha que seus pais esperaram o que de você?

Mas aí, quando você saía um pouco fora do esperado por fazer algo "errado", como é que eles agiam? E quando você "acertava"? Imagino que você também deve ter pensado em seu filho ao ler essas perguntas. Note como nosso olhar está o tempo todo neles. Como se os resultados deles falassem sobre nós. Mas será mesmo que a personalidade e as ações deles nos definem?

O que os filhos trazem consigo ao nascer e durante o desenvolvimento são espelhos. Eles são como grandes reflexos, mas não para nos definir, e sim para olharmos para nossos

próprios comportamentos e crenças. Pense comigo: eles não nascem com referências, certo? A referência somos nós, os pais. Então, eles espelharão nosso melhor e nosso pior. E convenhamos: temos mais facilidade de enxergar o que não está bom... inclusive neles.

Dizemos para os filhos: "Seja o que eu não fui", "Seja melhor do que eu". Mas onde estão as referências deles? Calma, isso não significa que farão exatamente tudo como nós, sempre reafirmo que as gerações seguintes evoluem, no entanto, a base das crenças e dos comportamentos – dos aprendizados emocionais – que obtiverem conosco estarão nas raízes deles.

Se como mãe ou pai não tenho consciência sobre mim e esse processo, porque não me olho, mas sei que meu filho causa uma dor em mim, então automaticamente volto para aquela sensação de que "não sou bom o suficiente e sou culpado". É um ciclo inconsciente que se retroalimenta e segue gerações à frente.

Lembro de um exemplo simples da infância. Minha irmã não gostava de cebola, salsinha, cebolinha etc. Separava cada pedacinho no prato. Ao final da refeição, meu pai dizia: "Agora você vai comer isso". Ela chorava, mas ele reforçava: "Pode chorar, mas tem que comer". Por outro lado, eu comia tudo sem problema, mas nunca recebi um "parabéns". Esse meu comportamento era invisível. Já o dela, que tinha mais dificuldade de se alimentar, ganhava toda a atenção dele. Meu pai ensinava minha irmã a não desperdiçar comida, pois acreditava que, se ela agisse como esperado, isso confirmaria para ele que estava sendo um bom pai. Entretanto, eu que estava ali dizendo "Olha eu!", ao fazer uma coisa que ele queria e atender aos desejos dele, não era parabenizada por isso. São experiências que

vão construindo nossa autoestima. Em outros contextos, acredito que você possa ter vivido algo similar.

A descoberta dessa consciência fez muito sentido para mim em meus processos de mudança.

E entre as culpas que carreguei está também o fato de minha filha Estela, por muito tempo e no silêncio das palavras, pedir minha atenção: "Olha eu!". Por causa da deficiência intelectual, Beatriz frequentou pouco a escola; na época havia muita dificuldade de aceitação. Se de um lado a Bê seguia com limitações e perdas, a Estela continuava despontando com uma inteligência excepcional – hoje, ela dedica a carreira profissional à Economia, concluiu o PhD na área e é fenômeno no campo de atuação dela.

Lembro de um dia em que a Estela chegou, ainda criança, exibindo feliz o boletim escolar: "Tirei 10!". Sem esboçar muita reação, falei: "Que bom para você tirar 10, filha. Eu não preciso que você tire essa nota, mas está ótimo". E nunca lhe dei os parabéns.

Ela ficava com muita raiva porque estava compensando um desejo meu que não podia ser atendido pela Beatriz, e ainda assim eu não conseguia corresponder. Certa vez, chegou a me dizer: "Mãe, eu fui a aluna nota 10 que você queria e você não viu [...] E você sabia que eu sofria. Eu fiz por mim e pela Beatriz".

É verdade. Ela tinha razão. Não vi. Estava presa à falta. Apegada ao que faltava na Bê, naquele momento eu não sabia o que fazer com uma aluna nota 10. As culpas iam se ampliando dentro de mim.

Queremos acertar, mas o que acreditamos que nos mostra se estamos no caminho não está em nós, está nos resultados dos filhos. Naquele momento de minha vida, eu só conseguia ver os resultados da Bê e não percebia isso.

Do ponto de vista comportamental e inconsciente, desejamos que os filhos "deem certo" como forma de validar nosso próprio valor. "Eu valho a pena." Claro que você e eu queremos genuinamente o melhor para nossos filhos, mas nossa própria autovalidação vem junto. Então, o que desejamos que nossos filhos façam para que sejamos reconhecidos como uma boa mãe ou um bom pai? É nos dar orgulho.

Queremos que sejam boas pessoas, tenham boa índole, bons relacionamentos, moral e bons costumes, que constituam boa família e, especialmente, o que acompanho entre muitos pais: que obtenham sucesso profissional fazendo algo do qual gostam e que obtenham autonomia financeira. Quando isso não acontece, a crença ressurge: "Errei como mãe ou pai".

Há alguns anos observamos uma nova geração que não quer sair da casa dos pais, a chamada Geração Canguru,[11] e existem também aqueles que não querem trabalhar. Uma parcela de jovens vê o trabalho e o dinheiro de um jeito diferente; por exemplo, pede demissão mais facilmente por qualquer incômodo. Há também os que possuem pais ricos, estão acostumados a ser sustentados por eles e não têm interesse em atuar profissionalmente.

Certa vez, minha irmã conversava sobre as preocupações da vida, quando me contou que todos os dias se levanta da cama porque tem contas para pagar: "É assim que vou me recuperando da morte de minha filha. Quando o despertador toca, eu me ergo, tomo banho e faço o café para sair. Não

---

[11] MENDONÇA, H. Geração canguru, os jovens que escolheram não sair da casa dos pais. **El País – Brasil**, 23 jun. 2017. Disponível em: https://brasil.elpais.com/brasil/2017/06/05/politica/1496687911_980154.html. Acesso em: 2 set. 2025.

houve um dia, desde que ela faleceu, que não tenha agido assim, porque tenho a fantasia de que se o despertador tocar e eu continuar deitada, não me levantarei mais". Ela compartilhou, emocionada, a motivação para seguir em frente. A fala de minha irmã me trouxe um novo insight sobre essa geração que recebe tudo dos pais. Qual é a motivação desses jovens?

Em muitos casos, faltam não apenas desafios, mas também sentido. E o sentido está, muitas vezes, ligado à contribuição – financeira, emocional, afetiva, social. O nosso autovalor está relacionado a nossa utilidade, a nos sentirmos úteis. Ligados a essa geração estão muitos pais que fazem demais por todos e nada por si mesmos; criam gerações de filhos que presenciam tanto isso que decidem seguir na inércia.

Porém, o grande desejo desses e da grande maioria dos pais (que contribui para confirmar que você é uma boa mãe ou um bom pai) é que o filho consiga se sustentar sozinho; quando isso não acontece, novamente são reforçadas as crenças: "Não sou uma boa mãe", "Não sou um bom pai", "Eu errei".

E chegamos, então, à grande causa da culpa: o erro.

CARTILHA DAS RAÍZES

No final das contas, por que nos sentimos culpados? Por acreditarmos que erramos. E em busca de fazer nosso melhor, podemos mesmo errar. Entretanto, é preciso refletir sobre esse conceito que é, antes de tudo, humano. Afinal, quem definiu o que é certo e o que é errado? Onde aprendemos sobre isso?

Treino minha mente para sempre ampliar um pouco mais minha visão, e assim descobri que a maior escola para nosso aprendizado está nas perguntas. Aquela indagação em que paramos, levamos os olhos para cima, para a esquerda e a direita…

Vem uma informação, e reflito um pouco mais sobre ela... Esse é um exercício que carrego desde que coloquei o pé na estrada do autoconhecimento. Questionar nossos comportamentos, nossos hábitos e nossas crenças expande algo dentro de nós, e cada vez que seguimos por esse caminho é incrível como fluímos em novas descobertas e a vida passa a fazer mais sentido.

É por isso que um dos exercícios valiosos que começamos a fazer e intensificar nessa jornada envolve questionar. É por isso também que tudo o que trago a você é resultado de elaboração reflexiva, de estudo e de minha própria vivência. Sou meu maior laboratório, e um dos pontos primordiais para mim é ensinar sobre o que eu vivi e vivo. Não é algo construído apenas por teoria; é experiência e significa que me mantenho íntegra em meus princípios e valores.

Se a culpa está relacionada diretamente ao conceito do que é certo e errado, em especial, nós, os pais, já chegamos com uma cartilha sobre isso. A gente sabe o que pode e o que não pode (é verdade que ficamos bem confusos também), mas o básico desse manual nós temos, e ele não nos é entregue redigido em mãos. Vai sendo escrito durante toda nossa vida. Porém, a parte mais importante dessa redação está no que aprendemos na infância, por meio de nossos pais ou daqueles que os substituíram em nossa criação, os pais substitutos. Em outras palavras, essa é uma cartilha de nossas raízes.

Mas vamos combinar que nossos pais não se sentaram conosco para decorarmos o bê-á-bá desse manual, nada disso. Tudo o que vivemos com eles vai nos contando sobre o certo e o errado. Agora, pense um pouco mais: uma criança nem sequer tem conexões neurais suficientes para realizar uma interpretação elaborada, então como ela aprende isso?

A criança aprende por cópia e repetição. Nós, você e eu, nos desenvolvemos como seres humanos a partir da cópia e repetição. A matriz desse aprendizado está, principalmente, lá em nossa primeira fase da vida – até os 7 anos.

Os pais têm o poder de vida e morte sobre os filhos, pois a criança é um ser dependente (falamos um pouco sobre isso ao refletirmos sobre a chegada do bebê). Portanto, quem possui a cartilha do certo e do errado são eles. Como crianças, vamos nos referenciando naqueles grandões e temos de os seguir e os imitar para sobreviver.

Fizemos isso, e tudo aconteceu de maneira inconsciente. Esse é um caminho muito mais internalizado pelas emoções e fica registrado dentro de nós. Portanto, a raiz de nossas crenças tem bases profundas em nossa infância. Reproduzimos as crenças e nem nos damos conta de que estamos repetindo o que nos foi transmitido.

Isso nos leva a outra reflexão. Por que nos sentimos culpados? Nossos pais também se sentiram culpados, e nós os copiamos. Os motivos podem ser diferentes, mas o fato é que aprendemos o comportamento da culpa.

É na vida adulta que temos a capacidade de repensar nossos aprendizados e nossas crenças para afirmar "eu concordo" ou "não concordo". Contudo, essa percepção só acontece se olharmos de fato para nossas raízes com curiosidade e indagações. No entanto, dificilmente paramos para nos perguntar "de onde eu sei isso?". Ninguém nasce com crenças, nós as aprendemos; e se não as questionarmos, seguiremos fazendo mais do mesmo, e nem nos ocorre quanto internalizamos sobre a cartilha do certo e do errado.

Entretanto, existe vantagem em termos aprendido por cópia; sabe qual é? Podemos mudar aquilo que nos prejudica,

assim como escolher continuar acreditando no que desejarmos, desde que tenhamos consciência da origem de nossos aprendizados e dos impactos deles em nossas vidas. Definitivamente, só faremos transformações em nossas crenças se soubermos que as possuímos.

Queremos resolver nossos problemas da vida adulta como adultos, mas não compreendemos a própria criança que está dentro de nós – o filho que fomos. É por isso que, no caminho do autoconhecimento, é fundamental percorrermos a jornada de volta a nossa própria infância para acessar nossa criança interna e dialogar com ela.

Agora, quero levar você a questionar verdades que carregamos sem perceber na relação com os filhos; caso se veja em algumas delas, não se julgue ou critique. Meu objetivo é que você reflita sobre processos automáticos que podem atuar sobre suas ações sem que você se dê conta. São situações da nossa atualidade. É o início de um olhar. Lembre-se de que estou do seu lado e sei que você fez e está buscando fazer seu melhor com os recursos disponíveis. Só o fato de estarmos nesta conversa já diz muito sobre isso.

1. Vou dar para meu filho o que eu não tive

Dentre as muitas crenças que possuímos como pais, esta é uma das que mais ouço de meus alunos: "Vou dar para meu filho o que eu não tive". Essa frase não é nova em nossa cultura. Ela expressa um desejo que atravessa gerações: que o amanhã seja melhor do que hoje.

Compreendo que esse é um anseio natural de quem ama. No entanto, muitas vezes, estamos tão convictos do que será o melhor para nossos filhos – assim eles não sofrerão como nós ou obterão acesso a recursos com mais facilidade – que, sem perceber, os privamos da vivência que ensina autonomia, da experiência que fortalece a resiliência e da oportunidade de desenvolverem os próprios potenciais.

Talvez você esteja construindo um patrimônio e dizendo: "Estou fazendo isso por você, filho", "Faço tudo por você", "Quero que tenha uma vida melhor do que a minha". Preciso dizer que essa não é toda a verdade. Trabalhamos por uma série de motivos, e também por nós – pelos nossos sonhos, desejos e realizações. Podemos ter o projeto de crescer profissionalmente, alcançar um novo cargo, expandir os negócios... E tudo bem.

O problema surge quando atribuímos isso aos filhos, como se fossem os responsáveis por justificar nossas escolhas. É muito importante olharmos com honestidade para essa crença: será que não estamos colocando sobre eles um peso que não os pertence? Será que a história que contamos sobre estarmos trabalhando para comprar o presente especial para nosso filho não está, no fundo, tentando compensar a culpa por nossa própria ausência?

É uma reflexão relevante para que nossos filhos não continuem a levar adiante, de modo compulsivo e automático, esse aprendizado.

2. Meu filho é tudo para mim; meu filho é minha vida

Há muitos pais exaustos, e você não imagina como é grande o número de pessoas que me contam que não estão aguentando a rotina. E veja só: a maior parte do cansaço vem em

nome dos filhos. Alguma vez você já refletiu sobre o ditado "ser mãe é padecer no paraíso"? Como assim, gente?! Nem paramos para pensar a respeito do significado desse ditado e já o aceitamos como parte da vida: "É, vamos sofrer mesmo, ser torturados e no paraíso". Se a sentença já está decretada e estamos condenados, o filho passará mesmo a ocupar o lugar de maior destaque em nossa vida de sacrifícios. No entanto, quando isso acontece, damos a ele um poder que não pode ter. Seu filho não é mais importante que você e não é sua vida.

Pode parecer uma simples frase de carinho, mas ela mascara que há pessoas conduzindo mais a vida do filho do que a própria, ou seja, o filho ocupa o lugar mais importante (e a pessoa se esquece de si). Esse é um movimento automático, e não nos atentamos para a importância do significado dela em nossa jornada. Você é mãe ou pai, mas seu filho não é sua vida. Sua vida é só sua; é indivisível e valiosíssima.

Outro dia, conversando com uma mãe, perguntei: "Você quer a melhor escola para sua filha ou a mais cara?". Ela falava justamente sobre o sacrifício que fazia pela menina. Muitos pais aprenderam essa lição em suas cartilhas de crenças, e pagar a escola mais cara vai ao encontro desse objetivo, porque terão de trabalhar muito mais e, por consequência, se ausentar mais da vida do filho. Tem alguma coisa errada nesse caminho, não é mesmo? É por isso que precisamos voltar o olhar para nós.

3. Não posso errar

Existe uma crença importante correlacionada a certo e errado: a perfeição. Observe quando você fala ou ouve: "Não sou perfeito". É uma expressão que, em geral, carrega mágoa e ressentimento. Não é usada de maneira trivial. As pessoas

a esboçam como uma justificativa ou defesa: "Sabe, eu cometo erros, não sou perfeito". Constantemente a ouço de algum aluno meu e pergunto: "Quem esperava a perfeição de você?".

Novamente voltamos à infância, a base dos aprendizados emocionais. Vamos pensar. Toda vez que levávamos bronca era por ter feito algo certo ou errado? E quem erra é perfeito? Claro que não existe perfeição em nossa vida. O que quero mostrar é como as crianças, e sempre de modo inconsciente, têm certeza de que os pais esperam delas a perfeição – senão, a bronca não existiria. Logo, vamos para a vida adulta lutando para não errar, para não nos sentirmos culpados e, sim, sermos perfeitos.

Nossos pais esperavam o acerto e do ponto de vista deles; afinal, eram os detentores da cartilha. Em geral, olhavam mais para nós nas horas dos erros; nos acertos, era como se não fizéssemos mais do que a obrigação. Os pais não percebem, mas esperam que a criança acerte. Na verdade, a maioria dos adultos não repara nem valoriza os acertos. Por que são esperados? A partir do ponto de vista de quem? Espera-se que a criança já saiba naturalmente? Que referências de aprendizado ela tem? São questões para reflexão.

O medo de errar nos assombra demais. Em geral, ficamos preocupados com a opinião do outro e de nos expor. O que descobrirão sobre nós? O que é tão feio que precisamos esconder? E sabe o que mais está contido nisso? O medo de ser criticado, excluído, abandonado, rejeitado, de não ser compreendido e, especialmente, de não ser amado.

Quando adultos, em nossa defesa, vamos usar nossa sabedoria para afirmar que não somos perfeitos. No entanto, continuamos esperando a perfeição de nossos filhos.

4. Não posso frustrar meu filho

As construções positivas certamente fazem bem às crianças, e sou entusiasta desse caminho. No entanto, também percebo confusões e crenças que roubam da infância algo essencial: as frustrações e os limites.

A história de Fernanda ilustra isso. Ela mora na Itália com o esposo e contou-me que, para confraternização de Natal, recebeu um casal de cunhados que se hospedaram em na casa dela, e a festa ficaria ainda maior porque junto estava o sobrinho de 4 anos, Otto. Ela programou o período com entusiasmo e muitos passeios.

O garotinho tinha a agitação natural da idade, mas Fernanda foi percebendo que ele subia em cima dela e arrancava os óculos com força, sacudia a mesa de vidro da sala, revirava a casa, e ninguém podia dar bronca porque a mãe de Otto estava educando-o de modo diferente. A cada atitude dele, a recomendação era conduzi-lo com o diálogo de "Veja bem, pode ser que você quebre a mesa, que se corte...", "Olha, isso não é muito bom, você pode machucar sua tia", mas não havia uma orientação clara. Lá pelo oitavo dia, saíram em uma viagem que duraria cerca de três horas, e Fernanda guiava o carro. Quando estavam na metade do trajeto, o menino pediu um pirulito, porém ninguém tinha um, e os pais disseram que logo parariam para almoçar e seria possível comprá-lo. Bem, Otto começou a gritar que queria o doce, e assim foram quarenta e cinco minutos ininterruptos, com os pais lhe dando todas as explicações. Fernanda estava exausta e teve um momento de surto. Parou o carro, enlouquecida, nem sabia mais para onde ir. Aqueles quarenta e cinco minutos foram demais para ela. Discutiu com o sobrinho e os pais dele.

A família ainda permaneceu mais alguns dias na casa dela, mas imagine como ficou o clima. Fernanda me contou que estava péssima e se sentindo culpada, afinal, eram apenas duas semanas juntos, um tempo importante para ela, visto que moravam em países diferentes e quase não se viam. "Mas olha o que eu fiz", me dizia.

Eram quatro adultos e uma criança mandando neles. Senti muito, pois sabia o quanto aquele momento era especial para todos e conversei com Fernanda, para que pudesse ver a situação de outra forma.

Uma das piores coisas que podemos dar a uma criança é o poder de mandar nos adultos, pois criamos pessoas disfuncionais. Do ponto de vista psíquico, as crianças necessitam de frustrações e limites para se desenvolverem emocionalmente; isso lhes ensina também a viver em sociedade. Da mesma forma que os filhos não podem gritar com os pais, não podem ficar gritando dentro do carro, como nessa história. É uma situação que está fazendo mal à própria criança, e não ao adulto.

Para os pais de Otto, tratava-se apenas de gritos normais de uma criança, e de maneira nenhuma nos cabe julgar ou condenar esses pais. Eles estão buscando o melhor para o filho, procurando caminhos diferentes para que o pequeno cresça com o melhor desenvolvimento e, como muitos de nós, também estão perdidos sobre a escolha a fazer.

Esse turbilhão de confusões se deve ainda por estarmos em um momento importante de mudanças. As diferenças entre gerações sempre existiram, mas nos vemos diante de uma fase em que, em muitos aspectos, não há moldes prévios para nos basearmos. Por exemplo, é com razão que não se educa mais com violência. No Brasil, a Lei Menino

Bernardo[12] tornou crime qualquer agressão física ou psicológica contra crianças e foi um marco para o Estatuto da Criança e do Adolescente (ECA), que temos de comemorar!

Além disso, sabemos cada vez mais sobre os impactos dos traumas na infância, à medida que as neurociências avançam em muitos pontos em relação ao funcionamento cerebral. Por exemplo, um estudo realizado pelo Departamento de Psiquiatria da Universidade de Münster, na Alemanha, publicado no *The Lancet Psychiatry*,[13] mostra que crianças que sofrem abusos emocionais ou físicos na primeira fase da vida podem ter a estrutura cerebral prejudicada e desenvolver maior risco à depressão na vida adulta.

Estamos todos nesse momento de reflexão e aprendizados e não podemos encontrar a saída em respostas velhas. De verdade, se quisermos fazer algo diferente, precisamos olhar para nós, mães e pais. É necessário que cuidemos de nós, urgentemente. Estou muito empolgada pela oportunidade de estarmos nesta conversa, porque esse é o objetivo. Então, se você me perguntar exatamente agora: "Heloísa, qual é o melhor caminho para educarmos nossos filhos?", responderei dizendo que você deve inverter a pergunta e se questionar: "O que devo fazer comigo, primeiro?".

---

[12] BRASIL. **Lei nº 13.010, de 26 de junho de 2014**. Altera a Lei nº 8.069, de 13 de julho de 1990 (Estatuto da Criança e do Adolescente), para estabelecer o direito à educação sem o uso de castigos físicos ou tratamento cruel ou degradante. Disponível em: https://www.planalto.gov.br/ccivil_03/_ato2011-2014/2014/lei/l13010.htm. Acesso em: 14 fev. 2025.

[13] OPEL, N. *et al.* Mediation of the influence of childhood maltreatment on depression relapse by cortical structure: a 2-year longitudinal observational study. **The Lancet Psychiatry**, v. 6, n. 4, p. 318–326, 2019. Disponível em: https://www.doi.org/10.1016/S2215-0366(19)30044-6. Acesso em: 15 fev. 2025.

5. Não sou bom o suficiente

Até hoje não conheci ninguém que, em algum momento, não tenha experienciado a crença de não se sentir bom o suficiente. Como pais, uma hora esse pensamento também aparece. Essa é uma daquelas verdades inconscientes que estão impregnadas sem nos darmos conta. Só temos a sensação de, em diversas ocasiões, nos sentirmos inferiores.

Crenças são um punhado de mentiras que repetimos tantas vezes que se tornam verdades incontestáveis e absolutas. Digo e repito, digo e repito, digo e repito... *puft*! Virou verdade! A gente acredita e ponto-final! Nem percebe que acredita – é a tal da cartilha.

Demi Moore, uma grande e bem-sucedida atriz norte-americana, depois de ganhar o Globo de Ouro como melhor atriz em filme musical ou comédia, pela atuação no filme *A substância*, em 2025, compartilhou com o mundo que acreditou não ser capaz de grandes realizações, por se sentir insuficiente, e que mudar a visão sobre si a levou ao prêmio:

> *Vou deixar vocês com uma coisa que acho que esse filme transmite: nesses momentos, quando pensamos que não somos inteligentes o suficiente, bonitas o suficiente, magras o suficiente, bem-sucedidas o suficiente ou, basicamente, não somos o suficiente. Uma mulher me disse: "Apenas saiba que você nunca será suficiente, mas pode conhecer o valor do*

seu próprio mérito se simplesmente largar a régua de medir". E hoje eu celebro isso como um marco da minha integridade, do amor que me impulsiona e do presente de fazer algo que amo e ser lembrada de que eu pertenço.[14]

Esse é um exemplo que ilustra o quanto essa crença pode nos corroer, independentemente de posição social, bem como dificultar nossas realizações, impedindo-nos de estarmos bem conosco e de posse de nosso autovalor.

Quando vivemos em comparações, perdemos o foco sobre nós e a oportunidade de nos reconhecer. A régua interna dessa crença, que leva nosso olhar o tempo todo para fora, também pode gerar situações nas quais agimos exatamente de maneira oposta. Explico.

Sabe aquelas vezes em que nos sentimos pequenininhos, sem valor, desrespeitados, e para nos defendermos vamos para a prepotência, a arrogância, a superioridade e subimos na pedra da justiça achando que temos o direito de criticar, julgar, classificar e até etiquetar as pessoas? Então, é isso. Dizemos: "Porque fulano é isso!", "Sicrano fez aquilo!".

Esse é o oposto, e tudo disparado pelo fato de não nos sentirmos bons o suficiente. Essa é a dor que Bob Hoffman –

---

[14] PINTO, F. No Globo de Ouro 2025, Demi Moore emociona com discurso: "1º da minha carreira". **CNN Brasil**, 5 fev. 2025. Disponível em: https://www.cnnbrasil.com.br/entretenimento/no-globo-de-ouro-2025-demi-moore-emociona-com-discurso-1o-da-minha-carreira/. Acesso em: 15 fev. 2025.

o criador do Processo Hoffman – relaciona ao **amor negativo**.[15] Ele explica que todos nós, de um jeito ou de outro, mais ou menos, muito ou pouco, nos sentimos abandonados em nossa infância, ou seja, não vistos. Isso pode envolver desde aquele momento em que os pais não puderam nos dar atenção por motivos cotidianos (preparavam o almoço, saíram para trabalhar, estavam estudando etc.) até as situações em que houve literalmente o abandono.

Novamente, são experiências emocionais internalizadas por meio das quais a raiz da crença pode se desenvolver: "Faço as coisas erradas", "Não tenho valor", "Sou invisível para meus pais", "Não sou bom o suficiente" (afinal, se fosse o contrário, não sentiria esse abandono). Sempre vou reforçar que isso acontece de modo inconsciente.

Quando vivo em demasia a crença de não me sentir bom o suficiente, preciso estar sempre pronto para provar meu valor, e tudo porque volto naquele lugarzinho da infância dolorido demais, que está guardadinho em meu inconsciente, escondido de mim, no qual me sinto sem valor. Por vezes sigo me acusando e criticando, sendo meu verdadeiro algoz e inimigo, e em outros momentos sigo me achando melhor que todos, com o direito de julgar, humilhar, separar e excluir.

Estamos ainda classificando as pessoas pelo tom da pele e vivenciamos muitos outros preconceitos. De onde vem isso? Eu não tenho dúvida de que envolve a raiz da crença de não

---

[15] HOFFMAN, B. **A síndrome do amor negativo**. São Paulo: Centro Hoffman, 2016. Disponível em: https://processohoffman.com.br/wp-content/uploads/2016/02/Sindrome-amor-negativo-2016.pdf. Acesso em: 15 fev. 2025.

sermos bons o suficiente. É uma dor enorme e muito infantil que desenvolvemos quando estamos construindo nosso cérebro da sobrevivência. Muitas vezes isso é só nossa cabeça funcionando no modo automático das crenças; ninguém percebe o que está acontecendo – nem nós mesmos.

É uma verdadeira neurose que criamos, mas lembre-se de algo bem importante: tenha calma e respire. Há saída para mudar esse modo automático de nossa programação. Eu trabalho o tempo todo com isso, e meu foco aqui é auxiliar e acolher você, mãe e pai, porque reconheço como é intensa a sensação de não nos sentirmos bons o suficiente diante de toda a caminhada com nossos filhos, já que gostaríamos de acertar mais com eles.

Podemos mudar cuidando de nós e olhando para nós. A consciência será sempre o primeiro passo dessa jornada. Entretanto, nem sempre as mudanças acontecem com a mesma velocidade com a qual as tecnologias avançam – ainda mais quando se trata de um contexto mais amplo e plural como é a família.

Por esse motivo, também é importante compreender melhor a constituição cultural da família. Ampliar a visão é uma prática fundamental em nossa trilha, e é para lá que vamos agora.

A CONSCIÊNCIA SERÁ SEMPRE O PRIMEIRO PASSO DESSA JORNADA.

Cure suas raízes e liberte seus filhos

@heloisacapelas

03.
RECONHEÇA O TERRENO

Já parou para pensar em como nos tornamos gente? Para que o desenvolvimento humano aconteça, é essencial a existência da família. É nosso terreno de origem, o primeiro território de pertencimento, e isso independe do formato: pais biológicos, adotivos, substitutos, solo etc.

E como nossa conversa é sobre pais e filhos, é esse conceito de família que abordaremos aqui. Mais importante ainda é reconhecermos que, para um ser humano ser gerado, são necessários um espermatozoide e um óvulo. Duas sementes se juntaram por amor, acidente, acaso, afinidades, inseminação, seja lá a nomenclatura que você for usar, e, no fim, um filho nasceu. Existiu um encontro, e isso significa que chegamos ao mundo por meio de uma relação. E é fato que vamos nos desenvolver também pelas relações humanas.

É por isso que nossa primeira necessidade é a de pertencer. Precisamos do outro para cuidar de nós e, durante todo nosso crescimento, expandimos essas relações e nossos grupos de pertencimento (amigos, escola, relações amorosas, trabalho etc.). E você sabia que a gente não muda crenças ou paradigmas de modo tão rápido, justamente, por fidelidade à família? Sim, pela necessidade de pertencer.

Quando a criança é pequenina, os pais naturalmente começam a colocá-la em um molde; é mais ou menos como pegar o brotinho da árvore e colocar dentro de um vaso, é o nosso "cadinho". Certa vez, ouvi Chico Xavier, um dos mais

famosos médiuns e espíritas brasileiros, dizer que a família era o "cadinho renovador". Eu não entendi essa expressão até conversar com uma pessoa que vendia cadinhos.

Em geral, cadinho parece um potinho de vaso; é um recipiente muito usado em laboratórios para fundir ou aquecer amostras em altas temperaturas. Ele é feito de materiais que suportam o calor extremo; por exemplo, a porcelana. Um dos diferenciais é que seus próprios elementos não se misturam ao conteúdo dele. Quando fiz essa descoberta, lembro que tive um grande insight. "Uau, isso é um cadinho! É verdade, a família é um cadinho onde somos misturados, e cada um pode ir se renovando!" Fiquei muito empolgada, afinal, você já sabe que eu adoro metáforas!

Cada um de nós carrega o próprio cadinho, e o que vivemos hoje é parte da soma de muitos "cadinhos" que vieram antes. É por isso que vamos olhar brevemente como esse percurso aconteceu no Brasil, desde o descobrimento das terras por povos estrangeiros. Essa retrospectiva ajuda a reconhecer de onde viemos e que somos profundamente influenciados por nossa cultura (se você cresceu em outro país, vale fazer o mesmo exercício com sua história de origem).

Há muitos estudos sobre a formação da família no Brasil, e não é possível abarcar todos aqui. O que apresento é uma síntese, um retrato simbólico que destaca conquistas femininas que impactaram a estrutura das famílias. Em vez de datas e marcos exatos, privilegiei uma visão mais sequencial da evolução.

- **Família patriarcal:** no começo de nossa colonização, o homem era o chefe da família, o patriarca, com poderes sobre a esposa e os filhos, inclusive sobre a vida deles. A

família tinha um caráter voltado mais à produtividade e à economia.

- **Casamentos arranjados:** o pai, com autoridade de chefe, escolhia os maridos para as filhas; muitas vezes, elas eram obrigadas a se casarem com homens mais velhos e que possuíam riquezas. Cabia aos filhos homens: estudar fora de casa, herdar e administrar os bens da família. "O objetivo primordial da família era preservar o patrimônio, fazendo dos filhos instrumentos para atingi-lo."[16]
- **Ascensão do cristianismo:** o casamento na Igreja Católica passou a ser a única forma de reconhecimento de união e da família; era permitido apenas entre pessoas católicas.
- **Autorização do casamento misto:** com a intervenção do Estado, foi autorizado o casamento entre pessoas católicas e não católicas ou que seguiam outras doutrinas.
- **Início dos direitos femininos:** em 1932, a mulher conquistou o direito ao voto no país e, na Constituição de 1934, obteve os primeiros direitos trabalhistas. A maior inserção no mercado de trabalho ocorreu a partir da década de 1970.
- **Migração populacional:** no século XVIII, principalmente a partir da Revolução Industrial, houve a migração populacional para os centros urbanos, e surgiu o controle de natalidade, com as famílias tendo menos filhos.

---

[16] GOMES, M. M. A evolução da família: concepções de infância e adolescência. **Revista Educação Pública**, 14 ago. 2018. Disponível em: https://educacaopublica.cecierj.edu.br/artigos/18/16/a-evoluo-da-famlia-concepes-de-infncia-e-adolescncia. Acesso em: 20 fev. 2025.

- **Separações:** no final da década de 1960, "cresceu o número de separações e divórcios, a religião foi perdendo a força, não mais conseguindo segurar casamentos com relações insatisfatórias. A igualdade passou a ser um pressuposto em muitas relações matrimoniais".[17] Em 1977 foi instituída a Lei do Divórcio.
- **Avanços científicos:** em outubro de 1984, nasceu, no Brasil, o primeiro bebê concebido via fertilização *in vitro* (FIV) e, desde então, o procedimento cresceu. Um relatório da Agência Nacional de Vigilância Sanitária (Anvisa) mostra que, em 2023, foram realizados 56 mil ciclos de FIV no país.[18]
- **Igualdade:** para diversos pesquisadores, a Constituição Federal de 1988 foi um ponto de transformação de paradigmas da família, pois trouxe impactos nos Direitos da Família como: a igualdade conferida a homens e mulheres, a união estável, a família monoparental, a união homossexual, o princípio de igualdade entre filhos provenientes ou não do casamento ou adotados, entre outros direitos.
- **Novas famílias:** a família deixou de ter o caráter mais centrado na produção econômica e patrimonial e passou

---

[17] SIMIONATO, M. A. W.; OLIVEIRA, R. G. Funções e transformações da família ao longo da história. *In*: ENCONTRO PARANAENSE DE PSICOPEDAGOGIA, 1. **Anais** [...]. Maringá: ABPppr, 2003. Disponível em: https://www.cursosavante.com.br/cursos/curso415/conteudo8213.pdf. Acesso em: 20 fev. 2025.

[18] VEIGA, E. Os 40 anos da primeira 'bebê de proveta' do Brasil. **BBC News Brasil**, 7 out. 2024. Disponível em: https://www.bbc.com/portuguese/articles/c4gqvlzz69eo. Acesso em: 20 fev. 2025.

a estabelecer uma vertente mais socioafetiva. O casamento deixou de ser o centro de reconhecimento do que representa a própria família.

- **Organizações familiares alternativas:** a partir do século XX, cresceram as organizações familiares alternativas, como: "casamentos sucessivos com parceiros distintos e filhos de diferentes uniões; casais homossexuais adotando filhos legalmente; casais com filhos ou parceiros isolados ou mesmo cada um vivendo com uma das famílias de origem".[19]
- **Diminuição da natalidade e aumento do número de idosos:** as famílias passaram a ter um menor número de filhos; as mulheres engravidam mais tardiamente e muitas outras não desejam ser mães. Cresce também o número de pessoas acima dos 60 anos, e a expectativa de vida aumenta.

Você já percebeu como o conceito de família que herdamos da colonização trazia um viés de controle? Com o tempo, ele foi se transformando junto às mudanças sociais. Isso nos lembra algo essencial: **as transformações sempre existiram e continuarão existindo**. Nós, pais e filhos, fazemos parte delas. Hoje não vivemos em um modelo fixo; por isso, para encontrar respostas mais coerentes com os dilemas atuais, precisamos também mudar as perguntas que fazemos a nós mesmos. Caso contrário, reforço, corremos o risco de seguir repetindo respostas antigas para questões novas.

---

[19] SIMIONATO, M. A. W.; OLIVEIRA, R. G. *op. cit.*

Minha amiga Bete, por exemplo, é mãe solo e, por vezes, se perguntava se a filha teria se desenvolvido de outra forma se o pai tivesse sido mais presente. Em suas dúvidas, eu via a culpa surgindo – a mesma que tantos pais e tantas mães sentem em diferentes contextos. Sempre reforçava que, biologicamente, todos temos genitores. A diferença está na relação construída (ou não) com eles.

Você se lembra de quando citei a arrogância por acreditar que eu encontraria a cura da Beatriz? Em outro contexto, há uma arrogância que também surge nesse exemplo da Bete. Consciente ou não, é como alguém que diz "Eu dou conta", "Eu escolho o que você precisa ter ou não". Não estou julgando o certo e o errado sobre ser mãe solo, longe disso, mas trazendo o pensamento para falar sobre as novas formações familiares, pois, independentemente das mudanças, os momentos de conflitos e dificuldades nas relações existirão. E com eles oscilamos entre arrogância e culpa e entre esperança e frustração.

Não importam as diferenças, todos queremos acertar, temos medos e inseguranças, desejamos ser pais de um filho que nos dê orgulho. No final não somos super-heróis, somos seres humanos, cada um se moldando pela grande influência do próprio cadinho, ou seja, o sistema familiar no qual cresceu.

É evidente que existem também as diferenças culturais entre os países e que a realidade que presenciamos aqui, no Brasil, se contrasta com a de outros locais. Contudo, uma coisa é certa: a **família seguirá sendo a base sobre a qual a humanidade constrói o desenvolvimento**.

ESTAMOS NO MEIO DO CAMINHO

Costumo dizer que estamos no meio do caminho, ou seja, em pleno processo de mudanças de paradigmas sobre muitas questões relacionadas à família. A geração de mulheres que priorizam a carreira no lugar da maternidade é uma realidade e bem diferente do século XVIII, quando a mulher se voltava aos cuidados da família. Existe, inclusive, nome para esse movimento – NoMos, que é a abreviação de "*not mothers*" (não mães).[20]

Porém, o que mais percebo é que a maioria das mulheres vive o anseio pela ascensão profissional em conjunto com a construção da própria família, que inclui os filhos. Não abre mão da carreira. Pegamos mais "pratos" para equilibrar? Sim! E ainda é a mulher que mais ocupa a função dc criar os filhos. Em outras palavras, mudamos o fazer, mas não o ser. A mulher fica sobrecarregada, e é uma ilusão acreditar que daremos conta de tudo e que não faltaremos com os filhos.

Vale dizer que isso já existia anteriormente. Minha mãe privilegiava lavar a louça e manter a cozinha limpa, no lugar de brincar comigo e com meus irmãos. Então, isso não é novo. No entanto, mudamos o fazer porque passamos a trabalhar e a estudar, e junto vêm as outras demandas. São mais "pratos" e, ao ficarmos mais frustradas e com culpa, tendemos a compensar a ausência com presentes ou permissividades, dizendo que tudo é "por eles". Na realidade

---

[20] SGARBI, A. "NoMo": cresce o número de mulheres que não querem ter filhos. **CNN Brasil**, 14 out. 2023. Disponível em: https://www.cnnbrasil.com.br/noticias/nomo-cresce-numero-de-mulheres-que-nao-querem-ter-filhos/. Acesso em: 20 fev. 2025.

precisamos, mães e pais, do autoconhecimento para refletir: ***para que estou fazendo tudo isso?***

Não é para respondermos no automático, porque essas respostas, a maioria já tem na ponta da língua; são as respostas velhas. Durante muito tempo seguimos um roteiro: estudar, ter sucesso, casar-se, ter filhos, aposentar-se e curtir os netos. A ordem pode mudar um pouco, mas é um paradigma que cobra que nos comportemos assim, sem nos questionarmos. Novamente, não estou afirmando aqui o que é certo ou errado, mas conduzindo você a refletir comigo.

Por exemplo, basta alguém se casar, e logo vem a pergunta: "E o bebê, vem quando?". Reforço que nosso exercício é pensar sobre o que absorvemos como verdades. Por que o sonho de um casal tem de ser montar uma família com filhos? Por que não pode ser viajar pelo mundo ou aprender cinco idiomas? Sou super, mas super a favor da maternidade, desejo que mais e mais sementes sejam germinadas; no entanto, é muito importante refletirmos sobre essas questões. O autoconhecimento é justamente o caminho para fazermos perguntas sobre nós. Ao mergulhar nessa jornada, você pode se apropriar dessa experiência e descobrir, de verdade, se você quer ou não, quando quer e para que deseja ser mãe ou pai.

Quando há consciência dessas escolhas, a chegada de um filho é uma travessia com maior preparo e presença. Haverá, sim, renúncias, cansaço, noites maldormidas e demandas intensas, mas podemos olhar para tudo isso de uma outra forma; os perrengues fazem parte e reconhecê-los é essencial. Quando começamos a mudar a maneira como nos vemos, muda também o significado que damos às nossas ações e aos nossos resultados.

EM UM SISTEMA, NENHUM PROBLEMA É ISOLADO

Já conversamos sobre quando, do ponto de vista dos pais, ocorre uma problemática com os filhos e tendemos a priorizar a solução para o "problema deles", desconsiderando o todo no qual vive. Então, é hora de refletirmos mais sobre o "sistema familiar".

Quando uma mãe ou um pai está muito preocupado com o filho, inevitavelmente sente culpa e se pergunta: "O que foi que eu não vi, não fiz, o que foi que...?". E segue tentando, praticamente, "consertar" o filho. Porém, o caminho da mudança envolve o sistema.[21]

Comumente atendo pais que desejam enviar seus filhos ao Processo Hoffman por causa das queixas que têm sobre eles: não saem do quarto, não têm interesse em fazer nada, entre outras questões. Minha orientação é: venha você primeiro.

Como mãe ou pai, você precisa se instrumentalizar primeiro para, depois, enviar seu filho. Assim, quando ele retornar para casa, você estará mais bem preparado para ter uma nova conversa e, juntos, promoverem mudanças no sistema familiar. Caso contrário, o filho retornará para uma

---

[21] Vale salientar que, em determinados casos, os filhos podem apresentar algum sinal de disfuncionalidade decorrente de transtornos mentais. Quando o diagnóstico é precoce e há orientação, é possível ter uma qualidade de vida melhor na fase adulta. Então, caso perceba algum sinal de alerta, não deixe de observar e procurar a orientação médica especializada para seu filho. Além disso, inclusive nesses casos, quando os pais têm a oportunidade de percorrer o autoconhecimento, obtêm maiores recursos emocionais para si mesmos e para apoiar o desenvolvimento do filho.

família que já tem um jeitão sistemático de funcionar e ele, sozinho, não terá força para transformar esse sistema e sustentar as próprias mudanças. Em outras palavras, o problema pode voltar. Note que não se trata de mudar o pai ou a mãe. Trata-se de **mudar o sistema**. Olhar para isso por meio do autoconhecimento significa que os próprios pais também olharão para os próprios sistemas de origem – os pais deles.

Talvez, você possa estar perguntando agora: "Helô, como isso funciona para quem tem irmãos, visto que cada filho tem a própria personalidade na família, ou seja, pensa, sente e age de modo diferente?". A base para o aprendizado será sempre os pais, mas cada filho desenvolverá o próprio processo interno. De modo natural e sem perceber, os pais também se relacionarão de maneiras distintas com eles. Por exemplo, se você é o primogênito, o do meio ou o caçula, seus pais tiveram diferentes expectativas e níveis de experiência, o que influenciou as relações com cada filho (e esse é só um exemplo).

Recordo-me dos casos de irmãos gêmeos que participaram do Processo Hoffman. É interessante acompanhá-los porque cada um relata um pai e uma mãe diferentes. O caso de Paulo e Marcos é um exemplo. Paulo era dependente químico, não estudava nem trabalhava; Marcos havia se formado em Direito e obtinha sucesso na carreira. Paulo relatava que tinha se viciado porque o pai o agredia física e verbalmente. Já Marcos contava que tudo o que havia conseguido se devia justamente ao pai, que tinha sido muito rígido. Pelo mesmo motivo, cada irmão seguiu um caminho. O essencial a observarmos é: como o filho vê o pai ou a mãe? Como processa o ensinamento? Em resumo, o que fará com os aprendizados metabolizados e internalizados na infância?

Acredito que agora você compreenda ainda melhor por qual motivo é tão fundamental se perguntar:

- **O que fiz com os aprendizados internalizados em minha infância e que estão influenciando minha construção como mãe ou pai?**
- **A partir de uma nova ampliação de consciência, como posso aplicar o que aprendi?**

Nossa evolução individual – e a cura de muitas dores e culpas – começa ao nos enxergarmos como filhos. Como eu vi meus pais? Não é como você os vê hoje. É investigar como se deu esse olhar em sua própria infância. Esse processo traz consciência e respostas sobre padrões inconscientes. É onde vamos entrar mais, na floresta de sua história. Antes, é essencial falarmos um pouco mais sobre pontos que considero relevantes a todos os pais. Não é um manual, e sim um alerta importante sobre os limites, os "nãos" e os mimos.

1. Precisamos dos limites

Em meio a reflexões sobre o sistema familiar e como auxiliar melhor os filhos, precisamos falar sobre os limites, pois, em nome do amor, criamos muitas confusões em relação a esse tema.

No reflorestamento, devemos delimitar espaços entre as árvores para que cresçam bem. O mesmo acontece com nossos filhos, eles necessitam aprender sobre os limites para obter um desenvolvimento saudável. E tudo começa pela própria questão física: você não pode se sentar na mesma cadeira em que já estou sentada. Pode parecer bem simples, mas uma criança pequena aprende sobre o espaço físico e

seus limites. Ela também não conhece os limites do comportamento. Não sabe o que uma cara feia pode fazer com uma pessoa ou que um soco na mesa pode destruir um relacionamento. Quem mostra esses limites são os pais.

Os limites incidem sobre o desenvolvimento emocional da criança, eles são importantes para que ela aprenda a lidar com a frustração e se sinta segura e autônoma. Um ponto que defendo nesse tema é a importância de trocarmos os verbos "dar" por "mostrar" os limites. Existe uma diferença sutil, mas o "dar" pode significar colocar a criança dentro de uma caixa e pronto, não a auxiliamos a pensar. Porém, quando mostro, eu ensino. Muitas vezes a criança vai testar, vai chorar ou gritar – faz parte do processo de descobrir até onde pode ir. A infância é esse laboratório em que experimentamos os próprios contornos dentro do "cadinho" familiar. É nesse espaço que aprendemos a conviver, a manter nossa integridade e a nos posicionar no mundo.

Mas não existe receita pronta. Por isso, mais do que indicar regras específicas, o convite é para que os pais olhem para si. Quanto mais autoconhecimento e criticidade sobre seu próprio sistema familiar anterior, mais autenticidade você obterá para se ampliar e ampliar a compreensão dos limites junto aos filhos.

Limites e regras também formarão nossas crenças. Um exemplo clássico: o time de futebol preferido (se você torce para algum). Algumas crianças recebem a determinação dos pais sobre esse assunto, é regra. Meu amigo Jonas, pai de

duas crianças, é torcedor fanático do Santos. Os filhos dele só podem ir a um estádio se for para ver o time do coração. Em determinada ocasião, os familiares organizaram passeios para conhecerem estádios de vários times em São Paulo, mas Jonas proibiu seus filhos de irem. Seria apenas um momento de diversão, porém não houve negociação.

Achei essa situação uma metáfora fantástica de comportamento! Afinal, é só um time de futebol, mas esse é o cadinho do Jonas. É o sistema familiar. O que para alguns pode ser uma bobeira, para esse pai é algo muito importante. É nesse cadinho que colocamos o tipo de adubo no qual queremos fermentar nossos filhos.

2. No amor existe o "não"

Outro ponto de relevância para o desenvolvimento é o "não". Muitos pais, movidos pela culpa ou pela vontade de compensar a ausência, tornam-se excessivamente permissivos. Mas amar não é apenas dizer "sim"; amar também inclui mostrar limites, deixar passar por frustrações e falar o "não".

Brinco sempre com meus alunos, dizendo: "Com uma rede na sombra e suco de laranja gelado, ninguém cresce". Pense comigo, não vamos mexer um músculo para sair desse conforto. Mas se começar a chover, se o suco cair, se a rede arrebentar, darei um jeito para encontrar uma solução. A vida é tão inteligente, não é? Ela nos dá problemas, e a cada um que você resolve, se torna mais esperto e inteligente. Os problemas estão aí para nos fazerem crescer, e as crianças precisam deles e do "não".

Muitas vezes, focamos apenas o que a criança não pode, mas nos esquecemos de mostrar o que ela pode. Então, a cada "não" que você disser para seu filho, diga

três "sim". Por exemplo: "Não pode bater no amiguinho, mas pode, sim, bater na almofada, pode, sim, desenhar na lousa e pode, sim, vir no colo da mamãe" ou "Não pode jogar bola na sala, mas pode, sim, jogar bola no quintal, pode, sim, jogar bola na quadra e pode, sim, jogar bola na varanda". As situações são as mais diversas, e seu filho conhecerá outras muitas possibilidades.

Se nosso cérebro adulto não reconhece o "não",[22] imagine o de uma criança que ainda está em formação. Ela tem mais dificuldade. Como assim? Vamos fazer um exercício para você entender: não quero que você pense em uma maçã grande, bem vermelha e suculenta. Deu certo você não pensar? Pois então. Há diversos pesquisadores que tratam desse assunto com profundidade; caso você se interesse, vale pesquisar.

É por isso que devemos auxiliar direcionando o cérebro da criança a dizer "sim". Caso contrário, ela jogará bola na sala, e você ficará bravo e gritará. E se ela jogar novamente, você vai furar a bola e repetir: "Você só aprende na bronca". Reconhece essa história de algum lugar?

3. Mimo não é amor

Ainda carregamos o paradigma de que amar é fazer tudo pelo outro e nunca o frustrar. Mas, ao fazer isso, mantemos o outro na "rede com o suco gelado". Crescimento é desconfortável mesmo, e é o momento para desenvolver habilidades.

---

[22] HERCULANO-HOUZEL, S. O problema em dizer "não". **Folha de S.Paulo**, 15 mar. 2007. Disponível em: https://www1.folha.uol.com.br/fsp/equilibrio/eq1503200707.htm. Acesso em: 20 fev. 2025.

Por vezes vamos para o exagero. O filho pede água, e o copo já surge nas mãos. Entretanto, a mensagem que ele pode internalizar diante disso é: "Não sou capaz sozinho". Sem percebermos, podamos as capacidades. Com o tempo, queremos que ele seja ágil, autônomo e resolutivo diante dos problemas, mas como, se não o estimulamos a exercer a capacidade de resolver os próprios problemas?

Desenvolver habilidades significa, conforme cada fase, dar responsabilidades, comandos positivos e até problemas para resolver. São promoções que incluem também o âmbito emocional. Reconheça que seu filho pode, por exemplo, ficar triste, bravo, irritado e inclua isso verbalmente em sua conversa com ele: "Eu imagino que você esteja chateado...", "É, eu sei que você ficou bravo...", "Eu sei que está triste...". Valide o que ele estiver sentindo e deixe-o viver essa experiência. Infelizmente, muitos adultos têm dificuldade de reconhecer ou expressar as próprias emoções e sentimentos porque os reprimiram. Por vezes nem conseguem nomear o que estão sentindo; dizem assim: "É um aperto no peito...", "uma dor no estômago...".

Quando caímos no modo compensação, os conflitos se intensificam. Conversei com um empresário que me contou que a esposa viaja muito a trabalho e o filho, de 13 anos, passa a maior parte do tempo com ele. Quando retorna, a mãe é muito permissiva, evita dar qualquer tipo de bronca, faz o papel da "legal" buscando o amor do filho. O pai desabafou: "E agora, eu vou dar a bronca? Ele ficará amando-a e me odiando! Então, também não farei isso!".

A fala desse pai me fez pensar sobre o quanto fomos, de modo geral, tirando a meritocracia nas fases de desenvolvimento. Se o filho marca um gol, é maravilhoso. Se não marca

também é. Se acerta ou erra, continua sendo maravilhoso. É algo para você e eu refletirmos. Se eu já nasci linda e estou sempre perfeita, preciso fazer o quê? Nada. É o mundo que me deve, afinal, já sou maravilhosa. É uma grande confusão, não é mesmo? E vemos uma geração que não precisa se esforçar porque já é espetacular.

Eu posso dizer: "Filho, poxa, você não marcou gol hoje, então não vamos comemorar". Eu não preciso destruir a autoestima dele ou desqualificá-lo. Precisamos refletir: estamos preparando nossos filhos para lidar com a realidade ou os colocando no centro de um palco onde tudo gira em torno de mantê-los felizes? E dizendo "vá ser feliz, sorria!" porque o problema é meu – da mãe ou do pai. Não, o problema não é seu! O problema é dele! Ele é quem tem de buscar a própria felicidade.

NOSSA EVOLUÇÃO INDIVIDUAL – E A CURA DE MUITAS DORES E CULPAS – COMEÇA AO NOS OLHARMOS COMO FILHOS.

Cure suas raízes e liberte seus filhos
@heloisacapelas

04.

INICIE SEU REFLORESTAMENTO

Eu precisava trazer você até aqui, como uma espécie de visão geral do terreno, antes de entrarmos em passos mais práticos que envolvem o autoconhecimento dos pais, pois é fundamental que você siga com esse novo olhar de indagações, compreendendo um pouco mais por qual motivo as crenças criam autolimitações e sofrimentos em nós, e quanto somos moldados em um sistema familiar. Certamente, há muitas outras crenças que podem fazer parte de sua vida, pois somos seres humanos únicos e muito plurais. Porém, você pode refletir mais sobre elas, como fizemos até agora.

Quando começamos a ter maior clareza sobre nós, por vezes pode até parecer que o peso da culpa aumenta. Refletimos sobre nossas ações automáticas em relação ao filho e como elas têm impacto no desenvolvimento dele. É mais ou menos como descobrir "poxa, eu ajo assim", "penso assim", "sou assim", "me vejo nos exemplos que você deu" etc. E acabamos por sentir ainda mais culpa por acreditarmos que somos culpados. E isso acontece porque temos uma crença que é como gasolina nesse círculo vicioso: todo culpado merece punição.

Todavia, só o fato de começarmos a ampliar um pouco nosso ponto de vista sobre tudo isso já é um passo importante. Parabéns pelos insights que já obteve! Que bom estarmos juntos nessa reflexão, porque se temos agora maior conhecimento

de que todos, de alguma forma, vivem a crença de "não ser bom o suficiente", não há culpados, **há inconscientes**.

Quando passei a me interessar por reflorestamento e contratei um engenheiro ambiental para cuidar dessa ação – que inicialmente se deu na moradia assistida onde a Bê reside, o Centro de Convivência Novo Tempo –, eu queria logo dar o *start* porque gosto de ser prática: "Então, vamos já começar, eu já sei como é; faz uma cova ali, separa mudas e tal...", mas tive de aprender que é preciso estudar o solo, construir um plano, porque existe a época certa para a adubação, assim como para o plantio; caso contrário, a muda se perde, e não pode ser qualquer espécie etc.

Enfim, havia uma série de informações às quais nunca tinha me atentado. Foi uma lição para mim sobre minhas verdades. Eu estava convicta de que sabia como fazer. Assim acontece em todas as áreas da vida e em relação a sermos pais. As crenças nos fazem ter tanta convicção de que algo é de determinada maneira que não paramos para questionar ou nos aprofundar no assunto.

Hoje eu consigo olhar para todo esse projeto de plantar árvores de uma maneira completamente diferente; cada vez mais aprendo algo novo e me apaixono por essa ideia de semear mais verde por aí. É por isso também que esta obra tem a árvore como metáfora.

Se eu desejo fazer mudanças sobre mim e diminuir a carga porque minha própria árvore não está dando conta, necessito me reflorestar. Limpar o terreno, podar galhos, retirar algumas ervas daninhas, colocar adubo, me regar e me banhar com o sol. Lembre-se: primeiro, precisamos fazer por nós, porque o caminho para nos libertarmos do peso da culpa e construirmos alicerces para relações sustentáveis, de

maior conexão com nossos filhos, está em encontrarmos **os filhos que estão dentro de nós mesmos.**

Sempre seremos filhos e teremos os pais na base da constituição de nossa história. É por isso que nossa jornada começa por nossas raízes, e é necessário cavoucar a terra para encontrá-las. Não adianta apenas percebermos que nossa árvore está com problemas – que os frutos estão amadurecendo fora de época, caindo antes do tempo, que as folhas estão amarelando ou o tronco, descascando. Devemos olhar para a raiz. Foi lá que tudo se originou.

E como a raiz está em uma profundidade maior, temos trabalho a fazer aqui, pois ninguém o fará por nós. Só eu posso fazer por mim, e somente você pode fazer por si. Às vezes, pode parecer até mais difícil do que tratar a árvore, mas se você não cuidar dessa parte, sua árvore pode adoecer.

Preciso reafirmar que estou do seu lado, e faremos isso com muito respeito. Saiba que, caso sua raiz seja um lugar de dor, chegaremos até lá a partir de um novo olhar para que essa experiência contribua também para amenizar sofrimentos. Não podemos mudar o passado, mas podemos dar um novo ponto de vista ao que aconteceu em nossa história.

A raiz é onde fincamos nosso suporte para viver e crescer. É por meio dela que a árvore absorve água e nutrientes, assim como nós recebemos alimento e afeto para nosso desenvolvimento humano.

Por isso, a partir de agora, a ideia é que sejamos o biólogo de nossa própria árvore e, para adentrar a floresta onde crescemos, precisaremos de um instrumento fundamental: uma lupa. Falo aqui no sentido figurado, mas a proposta é de seguirmos com o espírito de investigar aquilo que os olhos não conseguem ver em um primeiro momento.

Exploraremos lugares que, talvez, você não tenha percebido que existem.

A cada passo dessa jornada, você obterá aprendizados importantes que serão como adubo para nutrir sua vida. Descobrirá como encontrar o filho dentro de si: o ser humano no qual, inconscientemente, você se transformou para ser visto por seus pais. Compreenderá como o mundo que formou dentro de si materializa o que vê ao seu redor e como instalar mudanças mais práticas no dia a dia. Também conhecerá pontos essenciais para o melhor desenvolvimento de suas Inteligências e seu amor-próprio e aprenderá caminhos para se liberar das culpas, assumindo um protagonismo de maior autorresponsabilidade com leveza e autoconfiança.

Faremos essa jornada percorrendo quatro estradas fundamentais, que sustentam nosso terreno interior: a Inteligência Física, a Inteligência Emocional, a Inteligência Intelectual e a Inteligência Espiritual – todas elas são destacadas por Bob Hoffman como nossas Inteligências de base ou, também podemos dizer, essenciais.

É verdade que a ciência já ampliou esse campo com estudos como a Teoria das Múltiplas Inteligências, de Howard Gardner.[23] No entanto, quanto mais me aprofundo nesse tema, mais reconheço quão precisa é a visão de Bob: na raiz de todas as Inteligências mapeadas, estão essas quatro.

Vamos pegar nossa lupa para começar a entender um pouco mais sobre essa "quadrinidade" de Inteligências?!

---

[23] GARDNER, H. The components of MI. **Multiple Intelligences Oasis**, [s.d.]. Disponível em: https://www.multipleintelligencesoasis.org/the-components-of-mi. Acesso em: 20 fev. 2025.

O SOLO DE NOSSAS INTELIGÊNCIAS

Sua raiz é formada em sua concepção. A **Inteligência Física**, ou corporal, é a primeira a dar os sinais da vida. Tudo começa a partir do encontro entre o espermatozoide e o óvulo, quando se inicia o processo de fecundação. Entre cinco e seis semanas, somos já uma pequenina semente, com cerca de cinco milímetros, e continuamos a nos expandir. É tudo tão natural que nem nos atentamos ao fato de esse ser o ambiente onde realizamos nossos primeiros movimentos corporais.

Com a evolução da ciência e da tecnologia, temos a possibilidade de obter muito mais informações sobre o desenvolvimento nessa fase intrauterina. Já é mais conhecido, por exemplo, que os bebês ouvem e reagem aos sons e à luminosidade dentro do útero[24] – reconhecem a voz da mãe e do pai –, e as pesquisas avançam cada vez mais nessa área. Um estudo realizado no Reino Unido constatou que os bebês reagem de modo diferente aos sabores e odores durante a fase final da gestação.[25]

É possível que haja muito mais conhecimentos sendo explorados e sobre os quais ainda não temos informação.

[24] ANTUNES, F. Mitos e verdades: o que os bebês realmente escutam dentro da barriga. **Terra**, 26 ago. 2021. Disponível em: https://www.terra.com.br/vida-e-estilo/mitos-e-verdades-o-que-os-bebes-realmente-escutam-dentro-da-barriga,9f1b184f6bb4f856bc43695530c97f56m3l9cxkf.html. Acesso em: 20 fev. 2025.

[25] BEBÊS reagem a sabores de alimentos com expressões faciais ainda dentro da barriga, mostra estudo inédito com ultrassom 4D. **O Globo**, 22 set. 2022. Disponível em: https://oglobo.globo.com/saude/bem-estar/noticia/2022/09/bebes-reagem-a-sabores-de-alimentos-com-expressoes-faciais-ainda-dentro-da-barriga-mostra-estudo-inedito-com-ultrassom-4d.ghtml. Acesso em: 20 fev. 2025.

Portanto, ficou lá atrás a história de acharmos que o bebê não está fazendo nada dentro da barriga da mamãe.

Nessa fase, ele inicia o desenvolvimento também dos aspectos emocionais, isto é, a **Inteligência Emocional**. E você sabia que muitas vivências da mãe durante a gestação são transmitidas ao filho?[26] Tanto positivas quanto negativas. Um estudo do Instituto de Desenvolvimento do Cérebro, nos Estados Unidos, mostra que altos níveis de estresse nas grávidas podem afetar o desenvolvimento do cérebro do bebê, em áreas ligadas a controles emocionais e de comportamento, assim como à memória.[27]

Será que um bebê sente que está sendo amado ou rejeitado? Se aquela gravidez é desejada ou não? Para mim, tudo o que se vive nessa fase é, de alguma forma, percebido pelo bebê. E essa também é a percepção de diversos especialistas da área, como Catherine Limperopoulos, autora do estudo sobre o estresse em gestantes que citei há pouco.

E onde registramos tudo o que sentimos? Em nosso corpo. Por isso, desde nossa concepção experienciamos e construímos nossas Inteligências Emocional e Física (e armazenamos dados em nosso corpo). Isso as torna muito especiais.

---

[26] BEBÊS sentem emoções no útero? Descubra como a gestação afeta a personalidade. **Bebê.com.br**, 20 mar. 2025. Disponível em: https://bebe.abril.com.br/gravidez/bebes-sentem-emocoes-no-utero-descubra-como-a-gestacao-afeta-a-personalidade/. Acesso em: 20 mar. 2025.

[27] LAMOTTE, S. Estresse durante a gestação pode afetar o cérebro do bebê, segundo pesquisas. **CNN Brasil**, 7 dez. 2020. Disponível em: https://www.cnnbrasil.com.br/saude/estresse-durante-a-gestacao-podem-afetar-o-cerebro-do-bebe-segundo-pesquisas/. Acesso em: 29 fev. 2025.

É importante ressaltar que as informações que menciono estão baseadas nas fases típicas do desenvolvimento, não considerando crianças que apresentam condições genéticas como, por exemplo, a síndrome do X Frágil, a Trissomia 21, entre outras – que necessitam do acompanhamento e das orientações de especialistas da área. Se essa situação existe em sua família, é fundamental que você busque auxílio profissional. Contudo, todos os pais podem se beneficiar das reflexões e dos ensinamentos que trago aqui.

Voltemos à gestação. Após o nascimento, aprendemos sobre o mundo principalmente por meio das Inteligências Física e Emocional. O corpo é o grande veículo de interação com tudo o que nos cerca, sempre com base em nossos sentidos: audição, visão, paladar, olfato e tato. O maior órgão do corpo humano é a pele, e isso explica também ser o toque um estímulo essencial. As crianças aprendem tocando. Você já ouviu dizer que elas "veem com as mãos"?

Costumo dizer que a criança "sente" o mundo. Sente a sensação física, as emoções e os sentimentos. Esse é o começo do aprendizado. Nesse caminho, sente também seus pais, assim como o inconsciente familiar. Então, a criança sente quando é abraçada, quando a mãe está triste, quando o sistema é tenso; ela sente muito antes de pensar. Uma pesquisa conduzida na Alemanha observou que a ansiedade e a depressão materna impactam os batimentos cardíacos do feto, indicando que o bebê pode perceber e reagir ao estado emocional da mãe.[28]

[28] DEPRESSÃO e ansiedade maternas influenciam nos batimentos cardíacos de bebês. **Galileu**, 20 set. 2020. Disponível em: https://revistagalileu.globo.com/Ciencia/Saude/noticia/2020/09/depressao-e-ansiedade-maternas-influenciam-nos-batimentos-cardiacos-de-bebes.html. Acesso em: 20 fev. 2025.

Se eu tenho esse conhecimento, posso voltar à minha história, reconhecer que isso aconteceu comigo e perceber, por exemplo, que em decorrência de minhas experiências tenho dificuldades ou facilidades em relação ao toque ou de me relacionar com meus sentimentos. Também posso constatar o que aprendi sobre meu próprio corpo: por exemplo, se aprendi que ele é bonito ou se necessita ficar encoberto porque é vergonhoso mostrá-lo. Tudo isso está dentro dos paradigmas de pai e mãe que se aprende e apreende.

O primeiro setênio (período que vai até os 7 anos) é determinante para nosso processo de desenvolvimento em relação ao próprio corpo e ao que sentimos. Aprendemos tudo o que está ligado com o mundo – e esse mundo é inicialmente nossa família, nosso berço, nossa casa, a escola ou os locais onde passamos mais tempo. Lembrando que conhecemos tudo pelos sentidos. Por isso, a criança sabe. Ela só não entende que sabe.

Todos temos uma sabedoria interior, encoberta à medida que crescemos. Por volta dos 7 anos, iniciamos as "explicações" do mundo. Muitas vezes é o momento em que "explicar" se torna maior do que "sentir". A lógica entra em nossa vida. É a fase em que passamos a concatenar pensamentos. Como na alfabetização: começamos a juntar as sílabas e a entender que formam uma palavra. Que "b" com "a" vira "ba" e se colocarmos o "l", o "e", o "i" e outro "a", temos "baleia". Mas o que é uma baleia? Vemos a figura do animal e entendemos o que representa, depois conseguimos contar uma história e interpretar um texto sobre a baleia. Esse é o processo que envolve a **Inteligência Intelectual**. Interpretamos as palavras, as figuras, os textos, e isso envolve os sentimentos.

Passamos a dar "significado" para tudo o que vivemos. E seguimos nesse trajeto por um bom tempo, aprendendo por meio da cópia e da repetição de nossos pais, inclusive sobre eles. Por exemplo, como eles lidam com a raiva, de que maneira elaboram as frustrações, como ficam alegres, como nos dão atenção etc. Eles são nossa referência de mundo, e friso que isso acontece in-cons-ci-en-te-men-te.

Conhecendo mais sobre esses processos, compreenderemos melhor as etapas do bebê e da criança, cientes de que muitos acontecimentos são normais em cada fase. Vejo diversos pais querendo apenas moldar o filho, sem a curiosidade para conhecê-lo de fato. "Ele tem que aprender", como se não soubesse nada, como se não lhes ensinássemos desde a concepção. Os filhos seguem aprendendo tudo. E, como aprendem o inconsciente, isso envolve o que não queremos mostrar para eles (e, muitas vezes, nem para nós mesmos).

Mas agora, em vez de olhar para seu filho com curiosidade, o que você fará a partir dessas estradas das Inteligências é seguir o caminho de volta a sua própria história. Fique curioso a respeito dela, de seus insights, de seu entendimento sobre o mundo. Como você juntou tudo o que viveu? O que começou a acreditar a seu respeito e a respeito de ser mãe ou pai? Quais foram as cópias que você fez? Lembrando que ninguém é original, não temos recursos para isso, somos formados por cópia e repetição, e isso começa lá no encontro do espermatozoide com o óvulo: 50% do DNA vem de uma pessoa e outros 50% de outra. Então, se você já ouviu que a originalidade vem da cópia, é verdade. No entanto, a partir dessa junção se formou uma combinação única: VOCÊ!

Cada um de nós é um ser de características específicas no mundo (tanto é que ninguém tem a mesma digital). Portanto, se pudermos assumir que viemos da cópia, poderemos descobrir nosso original, o que chamo de nossa "essência".

Aqui reside uma grande síntese do autoconhecimento e que é um percurso contínuo para a vida. À medida que desenvolvemos curiosidade sobre nós e nos descobrimos um pouco mais, adquirimos maior consciência sobre as origens de nossos aprendizados comportamentais, que copia as coisas boas e as não boas.

Na fase adulta, em decorrência do processo de desenvolvimento que citei anteriormente, é mais comum seguirmos "explicando" o que nos acontece, colocando a lógica sempre à frente. Então, conforme passamos a perceber nossas necessidades, nossos pensamentos e nossos conflitos, a lógica vai se contrapondo ao amor-próprio, ao sentir.

Afinal, o que suas explicações falam sobre você? Quantas críticas faz sobre si mesmo? Você era uma criança linda, esperta, inteligente… e hoje está se criticando muito? Desvalorizando-se? Sentindo-se insuficiente? Exigente e cobrador em demasia? Há uma insatisfação e um vazio constante?

Existe um lado encobrindo aquele aprendizado infantil (consciente do que sabe). Há um conflito entre a cabeça e o coração. É o momento em que costumamos invalidar o que sentimos e passamos a explicar o que sentimos.

É quando você pensa o amor, a raiva, a alegria, a tristeza etc. A partir daí seus sentimentos são expressos inadequadamente,

e você fere, sem perceber, as pessoas de quem você gosta. Mas não adiantará se explicar e dizer "foi sem querer".

Temos de aprender a dar espaço ao que sentimos, e isso é bem diferente de reagir impulsivamente. É trazer consciência ao que acontece dentro de nós, e isso só é possível quando aceitamos o que estamos sentindo.

O conflito entre a cabeça e o coração cresce porque nossa cultura privilegia ainda a educação focada no intelecto, e nos esquecemos da parte emocional. Por não ser alimentada, ela fica pequenina. Esse conflito é também o que nos impede de acessar nossa **Inteligência Espiritual**, que é nossa grande sabedoria interior, sem nenhuma ligação com religião. Todos nascemos com essa sabedoria, que muitos chamam também de intuição. Ela faz parte de nossa essência.

Quando o que sentimos não é o que pensamos, e o que pensamos não está alinhado com nossas ações, há uma grande confusão, não é mesmo? Como, então, acessar nossa sabedoria e ouvir nossa intuição?

No caminho do autoconhecimento, aprendemos a dar espaço para as Inteligências existirem e se integrarem. Agora, é hora de você começar a cavoucar sua terra para se olhar a partir de um novo ponto de vista e fazer o mesmo em relação a seu filho. Essa pode ser a solução para muitos conflitos, e você poderá contar para ele algo que nunca lhe foi dito: que ele tem uma sabedoria interior.

Há uma luz dentro dele, como há dentro de você.

05.

HORA DE CAVOUCAR

Este é o momento em que você pode me dizer frases como: "Helô, não tenho nenhuma lembrança de minha infância!", "Nada do que vivi nessa fase tem significado ou importância para mim hoje", "Tive uma infância normal" ou mesmo "Essa fase foi ótima! Não tive problema nenhum".

Calma! Sei que para muitas pessoas é mesmo difícil se lembrar ou fazer alguma correlação entre o que aconteceu lá na infância – do nascimento até os 12 anos – e a vida atual. Tem gente que nem registros fotográficos possui desse período, e há também quem construiu uma história que se tornou muito diferente dessa fase inicial. No entanto, a questão é que a infância está "em você" e, sim, constituiu a pessoa que é hoje – isso envolve a mãe e o pai que você se tornou.

Colocar a mão na terra para chegar ao filho que mora dentro de você é ir ao encontro de sua autenticidade, o que chamo de seu "original". Quando falo desse caminho, muitas pessoas imaginam que é necessário se passar um filme desde o dia em que nasceu: como foi seu parto, como sua mãe o amamentou… Porém, não é nada disso.

Por vezes, para começarmos serão pequenos lampejos de situações. Então, vamos já pegar aquela "lupa" para desmistificar esse "não me lembro", iniciar novas descobertas e, sim, surpreender-nos com a simplicidade que há e nos leva a insights valiosos! Sabe qual é a principal ferramenta que

usaremos para cavoucar? As perguntas! Como vimos, perguntar é uma das técnicas mais frequentes do autoconhecimento. Estamos só nos primeiros passos e seguiremos de maneira bem simples. Você não precisa fazer nenhuma anotação, o mais importante é responder mentalmente:

- **Você viveu com seus pais até os 12 anos?** ***(Deixe sua mente fluir para essa época.)***
- **Eles moravam na mesma casa que você? Dormiam no mesmo quarto?** ***(Transporte-se para sua infância.)***
- **Você tem irmãos? Quantos? Você é o filho mais velho, o do meio ou o caçula?** ***(Pense em sua família e em como ela se desenhou.)***
- **Você se lembra de um Natal?** ***(Continue com foco em sua infância.)***

São questões simples mesmo, mas note como cada reflexão tem o poder de ativar alguma outra memória e, de repente, parece que ouço você falar: "Helô! Lembrei que na minha casa...".

Até hoje não conheci ninguém que não soubesse me dizer coisas muito básicas, como se morou com os pais até os 12 anos. Pode ser que você localize na memória um momento marcante do Natal, e há pessoas que relatam não se recordarem desse evento, assim como existe quem me diz: "Eu nunca tive um Natal". Note que interessante, pois são pelo menos 12 Natais que a pessoa afirma nunca ter tido – essa resposta é de relevância, pois passa a dar sinais sobre a infância dessa pessoa. Talvez, ao refletir sobre os irmãos, alguém mencione: "Não sei se os tenho". É também uma resposta que transmite indícios de como foi essa fase.

Vamos continuar com as perguntas. Você teve festa de aniversário? Tinha bolo? Pode ser que se recorde de um bolo específico, de uma festa para a qual sua mãe o deixou convidar um monte de amigos (e isso foi o máximo para você!). Ou que, nessa data, sua mãe sempre levava café da manhã na cama ou que só dizia: "Parabéns, hoje é seu aniversário". Opa, você lembrou! Ah, você morava em um abrigo ou com parentes nessa época; lembrou também! Você nunca teve um bolo? É, sim, uma recordação. Enfim, qualquer coisa pode ser um fiapinho de raiz, como a ponta de um grande novelo de lã, que trará sinais para contar sobre sua infância. São exemplos de situações que despertam a lembrança de outras e que puxam outras, e assim por diante.

Jane, uma de minhas alunas, contou que praticamente não tinha recordações dessa fase, mas perceba o rico resumo que a acompanhava: "Meus pais brigavam muito, e os dois eram agressivos. Minha mãe o mandou embora e foi um alívio para nós, mas 'perdi' minha mãe porque ela teve de trabalhar para nos sustentar". Jane não percebeu de início, mas, ao relatar essa história, já me contou um grande contexto de sua infância.

Por que é importante eu lhe mostrar isso? Para auxiliar você a perceber que todos nos recordamos de algo, e isso não significa lembrar de tudo nem exatamente como aconteceu. O que você guarda são fragmentos, e todos eles são sempre de seu ponto de vista. Tudo o que você viveu passa pela experiência de suas Inteligências: você pensa, sente, internaliza no corpo e vibra essa energia em forma de comportamento. Como afirmei antes, sua infância está em você. Você foi se construindo nesse caminho – e sem perceber. Isso se deu também a partir do que aconteceu em seu entorno: na escola,

na relação com os avós, com os padrinhos, com os irmãos... com as vivências desses doze anos iniciais. Experiências que moldaram sua própria narrativa; seu autovalor, sua autoimagem e sua autoestima.

Tenho alunos que não trazem recordações com os pais, mas citam fatos na escola. Rogério é um exemplo. Sofria bullying no 1º ano. Disse-me que se tornou o melhor entre todos os estudantes, e isso virou motivo de chacota para alguns colegas. Perguntei por qual motivo, no fundo, ser o melhor fazia-o se sentir bem: "Queria agradar meus pais". Na vida adulta, Rogério estava vivendo conflitos por sempre exigir a melhor performance de si e, consequentemente, dos próprios filhos.

Agora que estamos aqui, não me diga que não se recorda de nada, que sua infância não existiu ou que você só se constituiu mesmo a partir de seus 18 anos. Conto isso porque recebo alunos que relatam obter seus maiores aprendizados, ou que a vida começou a fazer mais sentido, a partir do momento em que começaram a trabalhar, cursar a faculdade ou quando saíram da casa dos pais. Como se a descoberta de sua "originalidade" se desse ali. Há pessoas que afirmam "Fui eu quem me fiz!", para contar que a vida atual foi resultado do próprio esforço. Reconheço o mérito de suas vitórias e seus sucessos, mas a realidade é que não viemos do "nada".

Alguns alunos também mencionam que consideram os chefes de trabalho como pais substitutos: "Foi um verdadeiro pai para mim", "Foi quem me ensinou", "Foi quem me explicou sobre responsabilidade e honestidade" ou "É para ele que devo minha existência". Contudo, não chegaríamos a este mundo se não fosse pelos nossos genitores. E mesmo

que você não os conheça, sabia que carrega a herança genética que incide em sua personalidade? Há estudos que estimam que 30% ou mais das características da personalidade são hereditárias.[29]

QUE HISTÓRIA VOCÊ SE CONTA?

Outro ponto fundamental que nos constitui é a linguagem. É um meio que auxilia a nos tornarmos humanos. Tanto que há relatos de crianças que cresceram apenas entre os animais e não conseguiram desenvolver os aspectos socioemocionais.[30] Em resumo, precisamos ser meio parecidos com alguém para nos desenvolvermos, e esse é o caminho que toda criança percorrerá desde os primeiros dias de vida. Ela fará alguma coisa para se tornar semelhante "àqueles grandões". Isso é muito forte e segue ligado a nossa personalidade para sempre. Já reparou que usamos a expressão "língua materna" para nos referir à primeira língua que uma pessoa aprende na infância, com os pais?

Nossos pais falavam conosco, falavam por nós e falavam sobre nós. Sem perceberem, foram nos classificando ao dizerem: "Este aqui é muito inteligente", "Ela é tão boazinha,

---

[29] ZWIR, I. *et al.* Uncovering the complex genetics of human character. **Molecular Psychiatry**, v. 25, p. 2295–2312, 2020. Disponível em: https://doi.org/10.1038/s41380-018-0263-6. Acesso em: 20 fev. 2025.

[30] SOUZA, K. P. **Crianças selvagens**: a expressão das emoções após situação de extrema privação de convívio social. Dissertação (Mestrado em Psicologia Cognitiva) – Universidade Federal de Pernambuco, Recife, 2008. Disponível em: https://repositorio.ufpe.br/bitstream/123456789/8215/1/arquivo3877_1.pdf. Acesso em: 20 fev. 2025

não me dá trabalho nenhum", "Nossa, ele é terrível, não para!". Lembro que a maioria dos elogios que eu recebia na infância vinha com a frase "[...] e é tão bonita" e minha mãe complementava: "Mas me dá um trabalho!". São relatos que também nos constroem.

A linguagem envolve, ainda, as expressões corporais, os sons, a escrita, o desenho. O próprio brincar é um caminho de linguagem na infância. Em suma, é tudo o que a criança encontra para se comunicar, interagir, entender e se fazer entender no mundo.

É importante compreendermos que a linguagem está ligada ao significado que atribuímos às coisas e aos acontecimentos. Cada pessoa interpreta uma mesma situação a partir de um ponto de vista único – e é justamente essa interpretação que dita, por exemplo, a forma como enxergamos a nós mesmos.

Pausa para refletir:

- **O que seus pais falavam sobre você, para você, durante sua infância?**
- **O que seus pais falavam sobre você, para os outros, durante sua infância?**

Suas lembranças podem surgir devagarinho e está tudo bem, esse é nosso caminho. No primeiro setênio, predominam as Inteligências Emocional e Física; depois, vem o despertar maior da intelectualidade. Por isso, é comum lembrarmos com mais nitidez de fatos ocorridos após os 7 anos, quando o cognitivo está mais desenvolvido.

Toda a estrada que percorremos lá na infância, desde a concepção, seja boa ou ruim, nos moldou. Tudo o que uma pessoa vive na fase inicial a conduz a se tornar o adulto de

hoje, e isso envolve inúmeras experiências. Esse emaranhado é o solo a partir do qual construímos nossas "verdades" – e todas elas criadas para nos trazerem maior segurança. É a necessidade invisível de segurarmos em algum contexto para crescer. Portanto, sim, formularemos contextos para sentirmos que deixamos nossos terrenos mais firmes. Esse é o mundo que geramos dentro de nós. O que você está fazendo agora é o caminho de cavoucar e questionar: *Será que tudo em que acredito hoje é assim mesmo?*

Como toda essa infância de influência permanece incutida em nós, conforme crescemos, viramos cópia de nossas referências e ficamos em um repeteco de padrões comportamentais compulsivos e automáticos. Nesse caminho, aprendemos ainda o amor da condição: "Se você se comportar", "Se for bem na escola", "Se tomar banho", "Se comer tudo"... será amado, elogiado, reconhecido, valorizado... É o aprendizado que está também diretamente relacionado ao amor negativo, descrito por Bob Hoffman.

Quando explico o conceito de nos tornarmos cópia de nossos pais, é comum ouvir: "Helô, eu não sou a cópia deles, não tenho nada a ver com meu pai (ou minha mãe)!". A questão é que tudo o que vivenciamos com eles é a base para os comportamentos que geramos. Volto a minha aluna Jane para refletirmos. Apesar de ter uma relação difícil no próprio casamento, ela fazia um esforço para se manter unida ao marido, pois esse era um valor de família que considerava muito importante – fato diretamente correlacionado à separação dos pais dela e à dor do abandono que sentiu.

Vamos a outro exemplo. Conheci Raphael aos 24 anos. Contou-me que não teve festa de aniversário na infância, mas um dia foi convidado para comemorar o de um amigo. Em

vez de empolgação, veio uma tristeza que o marcou. Quando adulto, nunca quis celebrar o próprio aniversário. E se fosse você? Será que faria o mesmo, não se importaria com essa data ou, pelo contrário, todo aniversário promoveria algo?

São situações que reforçam a influência do que aconteceu em nossa casa de infância. Você segue como cópia, repetindo padrões, ou pode imaginar que ao buscar o oposto se afastará do que viveu. Não importa a intensidade, tudo acaba na referência: os pais.

Olhar para isso é uma das coisas mais honestas que você pode fazer por si e, consequentemente, por seu filho. Se você tiver coragem de avançar nessa história, poderá enxergar a si mesmo e a seu filho por outro prisma. E, novamente, o foco não são os detalhes de sua infância – o modo exato como tudo aconteceu –, mas sim o que você construiu como "verdade".

Lembro-me de quando participei, pela primeira vez, do Processo Hoffman e comecei a contar a minha professora sobre a relação que mantinha com minha mãe na infância. A narrativa era de que ela me batia todos os dias. Dá para acreditar nisso? Não é possível! Ainda que, na época, as palmadas fossem consideradas normais, minha mãe nem tinha saúde para me bater diariamente; isso era uma dor para ela também. Mas como eu me considerava a filha-problema, falava com convicção sobre isso. Foi o que minha criança interna registrou: "Minha mãe não gostava de mim e me batia todos os dias".

Note que não falo aqui da narrativa intelectualizada da vida adulta, que diz: "Ainda bem que apanhei, pois me tornei a pessoa que sou hoje", "Sou agradecido por todo o rigor daquela época" ou algo do gênero. Essas são respostas de seu Intelecto adulto. O exercício agora é pensar em como sua criança sentiu essa experiência. E isso não significa também que nos recordaremos exatamente do que sentimos, mas temos capacidade de imaginar o que devemos ter sentido; esse "achômetro" também nos dá pistas do que internalizamos.

Por isso, vale repetir: não importa a "verdade", e sim a narrativa que você construiu em sua infância.

E não é preciso termos passado situações consideradas dolorosas. Você pode reconhecer que teve uma infância maravilhosa, e isso é muito bom. No entanto, não há criança que não tenha vivido a dor do abandono. Já falamos sobre isso, e retomarei para reforçar: em algum momento, nossos pais não puderam estar conosco ou nos dar atenção – tiveram de sair para trabalhar, limpar a casa, preparar a comida ou nos deixaram na escola. Seja lá qual tenha sido o motivo, como crianças, nós experienciamos inconscientemente a dor de não nos sentirmos vistos ou amados. E vamos, desesperadamente, buscar esse amor e meios para lhes dizer: "Olhem para mim". Essa é, inclusive, a razão de diversas pessoas se sentirem, em algum momento da vida, um extraterrestre ao pensarem: "Acho que não pertenço a este lugar".

Meu amigo Antônio é um exemplo. Quando tinha por volta de 6 anos, pensava ter sido adotado porque não havia fotos dele em sua casa, apenas da irmã mais velha. Já eu, quando criança, cheguei a acreditar que não tinha importância em minha família e repetia a meus amigos: "Meus pais não gostam mesmo de mim, acho que caí de gaiata nesta

família". Sabe a história que eu mesma me contava? Bem, minha irmã mais velha era a perfeita e fazia tudo para agradar meus pais; o segundo filho, o garoto esperado pelos meus pais; depois viemos eu e mais um irmão, o caçula, que vivia doente e recebia muitas atenções. O que sobrou para mim? Fui a terceira, já havia um casal de filhos formados, cheguei sem muita importância mesmo. Acreditava que não tinha um lugar especial ali. Essa era outra narrativa que havia construído, com base naquele contexto.

Conto essas histórias porque são importantes para auxiliar você a pensar sobre as suas. Esse é o objetivo de nosso exercício. Ainda criança, muito inteligentemente, encontrei meu lugar "especial" na família: fui ser a filha-problema. E, vamos combinar, mais especial que isso não tem, não é?! Pronto, era assim que eu me sentia pertencente àquele sistema. No entanto, a gente sabe que está fazendo isso? Claro que não, somos crianças! Ainda assim, como adulta, por muito tempo me destaquei em criar problemas nos mais diversos ambientes, pois foi o caminho que encontrei para ser notada.

PERGUNTANDO AO FILHO DENTRO DE MIM – 1

Por tudo o que vimos, não há como chegarmos na fase adulta acreditando que não temos nada a ver com nossa infância ou que esse período não teve impacto em nossa vida e repetir: "Eu que me fiz", "Eu que fui atrás de minhas conquistas" ou "Consegui tudo sozinho" – em geral, quem pensa assim ainda vive na "vingança", tentando mostrar ser melhor que os pais ou ter superado o que recebeu deles.

Quando iniciei meu caminho no autoconhecimento, aprendi a ver outras partes de minha própria história, reconheci emocionalmente – senti dentro de mim – que tive uma mãe que era brincante, que me pegou no colo, penteou meus cabelos, fez festa de aniversário e vestidos para mim, que me olhou. Descobri que havia outros pontos de vista, isto é, outras narrativas a contar sobre mim.

Para cuidar de nossas dificuldades emocionais e comportamentais, bem como resgatar nossos potenciais e nosso amor-próprio, temos de olhar com curiosidade e gentileza para o filho que ficou dentro de nós. Compreender a origem de nossos padrões é uma ponte que auxilia também a compreender os padrões do outro – especialmente de nossos filhos.

Isso significa que você poderá, sim, diminuir as expectativas em relação a seus filhos e compreender que eles também podem viver dores (como aconteceu com você). Se puder se autoacolher, se puder sentir que para você também houve momentos que não foram bons, nos quais você não foi visto, não foi ouvido, que gostaria que tivesse sido diferente, que preferiria que seu pai e sua mãe tivessem sido mais curiosos sobre você e com menos expectativas, que desejava ter acertado mais e não estar o tempo todo errado… Terá começado a mudar o ponto de vista sobre si e sobre seu filho e, acredite, a partir dessa pequena alteração de perspectiva novos meios de relações surgem, mas não esqueça: a primeira mudança é você com você.

Essa jornada também envolve nossa aceitação, e só depois disso podemos colocar novos aprendizados em prática. Podemos renovar nosso "mundo interno" e de modo contínuo. O começo pode se dar a partir da mudança de um pequeno ângulo de visão. Se ainda não for possível usar seu sentir, siga pela trilha de sua Inteligência Intelectual.

Com base nas reflexões que fizemos, agora você dedicará um tempo maior a si para responder às próximas questões. Trago perguntas e exemplos para contribuir. E uma orientação importante: não elabore ou pense muito para responder. Em geral, a primeira coisa que vem à mente contém informações subliminares (aquelas que depois puxarão outras memórias, e assim por diante). Siga este exercício respondendo também mentalmente.

O filho dentro de mim

1. Em que lugar você estava em sua casa de infância e que papel ocupou nesse sistema familiar?
   (Seguindo meu exemplo da "filha problema", reflita sobre que lugar você ocupou. Você foi o comportado, o rebelde, o bom aluno, o atrapalhado, o doente, o esperto, o bonzinho, o burro, o fraquinho...? De que jeito você cabia na família?)
2. Como você se sentia nesse lugar?
   (Como contei, sentia-me como se tivesse caído de gaiata em minha família e que meus pais não gostavam de mim. Cada um de nós encontrará suas respostas.)
3. A partir da resposta à pergunta 2, o que você tinha de fazer para agradar seus pais?
4. Hoje, com seus conhecimentos, o que acredita que eles esperavam de você?
5. E o que você espera de si mesmo?

Percebeu como o que foi vivido no passado conta sobre você hoje? Preciso frisar que o papel que ocupamos em nosso sistema familiar é o que ocuparemos no mundo. É o papel de nossa existência. Eu, por exemplo, sou uma pessoa disruptiva, mas não por me considerar esperta; é porque esse sempre foi meu lugar em minha casa de infância.

Se não tenho consciência disso, sigo como adulta com duas possibilidades: serei a pessoa que arrumará encrenca, por exemplo, que invade o espaço do outro ou é desrespeitosa; ou a pessoa bacana com o jeitão rebelde. Ou seja, levarei problema onde for. Faço coisas boas, mas contesto e atraio confusão – todos se lembrarão de mim, até porque lá na infância dei um jeito de meus pais sempre me notarem!

É a partir do autoconhecimento, da consciência sobre essa descoberta de minha programação comportamental, que me torno capaz de ir aprimorando e usando esse papel a meu favor. Se optarmos por seguir na inconsciência, continuaremos tentando atender a expectativas ligadas a nossos pais e de modo compulsivo.

PERGUNTANDO AO FILHO DENTRO DE MIM – 2

Nesse lugar de "filho", você foi construindo todos os conceitos e crenças sobre a vida; os "certos" e "errados", o "pode" e "não pode", o que é ser homem, mulher, filho, e o que é ser mãe e pai.

Podemos até ir para a vida adulta com a proposta de fazer diferente de nossos pais, mas na inconsciência ficaremos no repeteco. Lembra de minha decisão sobre ser mãe de quatro meninas? Ao olhar sob o novo prisma do autoconhecimento,

percebi que esse desejo, no fundo, era para agradar meu pai, porque ele era um feminista e dizia: "Se o mundo fosse feito só de mulheres, viveríamos mais em paz".

Note como é forte a programação automática gerada pelos contextos da infância. É importante frisar que não significa que haja algum erro nisso. Não há julgamento, trata-se de uma constatação: é assim que fomos constituídos. A questão é seguirmos sem saber disso, ou seja, agindo na inconsciência de nossos padrões comportamentais.

Você pode até refletir: "Mas também, meu pai ou minha mãe não precisava ter sido tão bravo(a)", ou "me batido tanto, trabalhado sem parar, me abandonado..." ou questionar sobre qualquer outra mágoa e dor que exista. Porém, perceba como, à medida que pensa assim, no fundo está dizendo a si mesmo que fará diferente ou que fará melhor do que eles. Como já vimos, seja fazendo oposto ou igual, no fundo você será motivado pela inconsciência e buscará provar algo referenciado a quem? Sim, aos pais. Para provar o quê? Que você merece ser amado – porque esse é o desejo mais profundo de toda criança.

Vejamos outro exemplo de quanto o oposto, nessas situações, é só a outra ponta de um mesmo elástico. Digamos que sua mãe seja muito bagunceira, e você, uma criança de 1 ano que esteja construindo suas sinapses e entendendo o mundo à sua volta. O registro cerebral do ambiente da bagunça fica gravado, mas com o tempo você passa a se incomodar e promete que, ao crescer, será sempre organizado. E assim se torna em sua vida adulta. Tanto que não pode ver um copo sujo na pia, pois já lhe causa insônia. Sabe por quê? Porque isso vai demonstrar que você é desorganizado e, sem você notar, seu sinal de alerta interno grita: "Eu não posso ser assim!".

Margareth foi minha aluna e viveu essa história: "Não tenho nada a ver com minha mãe, Helô". Eu lhe disse: "É, não tem. Você é superorganizada, detesta bagunça, está presa na organização, fica colocando tudo no lugar certo o tempo todo. Mas observe que, na realidade, você não quer ser organizada, só deseja ser o oposto de sua mãe. Portanto, quem está mandando nesse comportamento? Sua mãe".

Chegou a hora de exercitarmos os conceitos que internalizamos sobre sermos pais. Responda mentalmente às perguntas a seguir sobre sua mãe e seu pai a partir de seu olhar da infância até os 12 anos.

O filho dentro de mim

1. Seus pais eram muito rígidos?
2. Eles brincavam com você?
3. Havia momentos de conversas entre vocês?
4. Trabalhavam muito e não tinham tempo para estar com você?
5. Em que situações mais tinham os olhos voltados para você?
6. O que sua mãe ou seu pai repetia constantemente, como um mantra que ficou em sua cabeça?
7. Como elogiavam você?
8. O que consideravam mais importante em sua educação?
9. Quando davam uma bronca em você, como era?
10. Como agiam quando se sentiam culpados?

Essas questões são apenas pontos de partida para que, como filho, você perceba de que modo aprendeu as referências sobre o que é ser mãe e o que é ser pai.

Agora, volte em cada pergunta e responda sobre como você age com seu filho. Lembre-se do conceito do igual e

do oposto; o que está repetindo até agora sem perceber ou quanto você vive na ponta extrema do elástico?

Estaremos sempre ligados a nossas raízes, é algo que fará parte de nós. Entretanto, existe um caminho fundamental para que mudanças aconteçam, para que tratemos de nossa árvore – de nós –, seja com o manejo de nutrientes, a melhoria do solo e, talvez, até algumas podas. Tudo isso começa com a consciência.

Quando essa clareza não acontece, corremos o risco de ficar presos emocionalmente em nossa infância. Pensando de modo extremo, diria que é quase como uma criança de 5 anos cuidando de outra. Já reparou como a gente também faz desaforo para filho? "Ah, é? Também não fez, quando me pedir algo, não vou dar e...!" – não é assim que muitos pais pensam e agem?

Aqui é o ponto da escavação ao qual desejava trazer você. Uma coisa é falarmos sobre obter consciência de nossas influências, e outra é colocarmos a mão na terra para compreendê-las. Foi o caminho que percorremos neste passo.

O COMEÇO PODE SE DAR A PARTIR DA MUDANÇA DE UM PEQUENO ÂNGULO DE VISÃO.

Cure suas raízes e liberte seus filhos
@heloisacapelas

06.

FAÇA AS MUDANÇAS COMEÇAREM A BROTAR

Se começamos a colocar o pé na estrada da consciência, a pergunta é: como fazer diferente agora?

Bem, como salientei no início deste livro, não existe uma cartilha pronta. Esse é um dos grandes ensinamentos que trago a você. É importante continuarmos com os pés no chão, com seriedade, sem elaborarmos receitas miraculosas e promessas fantasiosas. A mudança existe, é fato! Minha integridade envolve falar sobre o que eu vivencio. Se eu consegui, você também consegue! Mas mudar nunca é do 8 para o 80. A mudança real e sustentável é do 8 para 8,1; depois 8,2; em seguida 8,3, e assim sucessivamente.

Sabe o que acontece quando partimos de um extremo a outro? Esticamos tanto aquele "elástico", que uma hora ele se rompe. Daí voltamos ao 8 e dizemos que esse é mesmo nosso lugar, que tudo o que fizemos não adiantou foi nada e somos ainda capazes de descer para 7, 6, 5 etc.

Então respire e siga com calma e acolhimento a si mesmo. Dê-se alguns segundos agora para, em sua imaginação, recordar-se da varanda imaginada no início deste livro. Sinta a brisa dessa grande floresta que existe à nossa frente envolver você. Permita-se ir até a árvore mais próxima e ficar protegido pela sombra com os pés descalços sobre o solo. Observe um pouco mais a riqueza dessa paisagem. Continue sentindo sua respiração. Perceba a energia da terra; ela é tão forte que dá nome ao nosso planeta.

O que você e eu fizemos agora foi um exercício. Não foi nada ao acaso. Na ânsia de encontrar o caminho "certo" e realizar as mudanças, podem existir frustrações, raiva, autocobranças e muitos outros pontos sobre os quais já falamos. É importante não negar o que sentimos, mas podemos treinar nosso cérebro a mudar o foco naqueles segundos, para que ele possa localizar uma nova resposta que daremos àquela situação. Inicialmente, **modificamos nosso estado de espírito** – não à toa essa expressão existe, pois são microssegundos em que, sem perceber, nos conectamos à Inteligência Espiritual. Essa pode ser a pequenina inovação que você terá hoje; lembre-se de que é do 8 para 8,1. Quando alteramos o que estamos sentindo, retomamos nosso centramento para refletir sobre o que faremos de diferente.

As confusões e os conflitos entre pais e filhos, as dores dessas relações acontecem não apenas em sua ou minha casa. Somos milhares de pais no mundo vivendo questões semelhantes. Você não é culpado. Até agora você fez o melhor que pode com os recursos disponíveis. Parabenize-se também por reconhecer que está buscando novos recursos. Seja grato a você.

A **gratidão é outro exercício** que fortalece as mudanças. Já reparou que ela não age "contra"? Ela acalma a briga interna entre a cabeça e o coração. Agradeça pelas coisas boas e pelas dificuldades, pois se estiver atento a olhar para dentro de si, você as verá como portas para buscar soluções que a tornem uma pessoa melhor. Em geral, quando falo sobre esse tema, recebo perguntas ou críticas em relação a questões sociais ou de saúde, por exemplo: "Como agradecer pela pobreza ou por uma doença degenerativa?!". Entendo a confusão gerada porque muitos de nós ainda interpreta o verbo "agradecer" como igual a "concordar". No entanto, quando

você agradece, com o sentido de obter aprendizados, está informando a seu cérebro que não é para ele ficar preso naquele lugar de dor, que você pode, sim, ter sido vítima de algo, mas escolhe não ficar acorrentado na vitimização. Não significa que devemos ignorar os momentos de tristeza, choro, angústia... nada disso. Novamente: não invalide seus sentimentos. Reconheça-os, sinta-os e acolha-os, e, depois, pergunte-se: o que eu faço com isso? O que, de diferente e por si, você fará? E siga com o passo do 8,1; 8,2 etc.

Renovar a própria árvore é um processo diário. Vá tirando folhinha por folhinha. Pode haver momentos em que você terá a sensação de ter podado um grande galho quebrado, mas isso é resultado de sua constância.

Quando estamos muito presos às emoções e aos sentimentos negativos, voltamos àquela criança ferida. É por isso que estamos percorrendo o caminho inicial para que essa criança, que está dentro de você, devagarinho, comece a crescer e se tornar um ser emocional adulto. Novamente: esse processo não se dá em um estalar de dedos. Você e eu vamos processando ao longo da vida. Cada passo que damos nesse sentido, cada ferramenta que usamos, é adubo para nosso emocional adulto seguir em crescimento. É um conhecimento que influirá na instrumentalização de nossos filhos, para que depois percorram também essa jornada. Porém, temos antes, como pais, de nos instrumentalizarmos.

Minha aluna Patrícia é mãe de Yasmim, de 8 anos. Já havia obtido muitos ganhos com o autoconhecimento e continuava seu treino em relação às mudanças relacionadas ao padrão comportamental de ser muito boazinha (agradava a todos e tinha dificuldade em dizer "não"). Patrícia perdeu o pai quando tinha 3 anos e a mãe, médica, passou a atuar em

quatro empregos para manter o nível financeiro da família. Ela tinha de ser muito obediente e não dar trabalho nenhum à mãe. Em um de nossos atendimentos, Patrícia citou que Yasmin a acompanhou em uma visita à sogra, que estava internada, em coma, e cheia de aparelhos. A menina ficou com medo daquela cena, mas Patrícia a obrigou a beijar a avó. Não havia correlacionado o fato, mas, depois de nossa conversa, citou: "Ela estava apavorada, e eu a obriguei a ser boazinha, como eu. Helô, a gente faz a mesma coisa com eles!". Foi uma nova descoberta para Patrícia, e celebramos aquele novo ponto de vista.

Expliquei à minha aluna que o nascimento do filho faz com que nosso inconsciente vá buscar, de imediato, o modelo que temos na infância sobre ser mãe e pai. Isso acontece com a velocidade da luz. *Vupt*! E se encarna em nós. Passamos a ser os pais dessa criança e dizemos a nós mesmos: "Ufa, agora será diferente". No entanto, seguimos na repetição. Mas veja que é somente um modelo. Um molde do que ficou atrás – não é nem ao lado nem à frente, é atrás mesmo! Por isso, quando nos tornamos pais, encarnamos a referência daqueles dois. E você acha que isso só acontece com você e comigo? Claro que não. Nossos pais viveram a mesma coisa. Houve momentos em que se sentiram errados, infelizes e culpados.

ACOLHA SEU MEDO

Irmos devagar com as mudanças do autoconhecimento é igualmente importante para você observar o que está fazendo, refletir sobre o novo passo que deu, assim como para que o medo da mudança não o paralise. Acolher você significa acolher seu medo.

É uma fantasia acreditarmos que não o teremos. A coragem não é ausência do medo, mas seguir mesmo com ele. Coloque o medo debaixo de seu braço, aconchegue-o e diga-lhe: “Vamos em frente”. O medo não é algo ruim. Ele é atávico, uma herança hereditária de nossa ancestralidade, que vem dos tempos das cavernas e auxilia em nossa proteção. Os problemas começaram a surgir quando fomos dando sobrenome: medo de não ser amado, medo do abandono, medo de não ser reconhecido, medo de perder um amor, medo da solidão, medo de não ser bom o suficiente, medo de não ser uma boa mãe ou um bom pai etc. Esses são exemplos de medos que muitos de nós carregamos e que foram aprendidos lá na infância.

Tudo isso é resultado de conexões neurais que se instauraram em nosso cérebro. Agora, pense comigo: temos como jogar fora essas conexões? Não. Mas temos como criar! E fortalecê-las de tal modo que, quando surgir a antiga situação que nos dava medo, agiremos de maneira diferente – e, acredite, chega uma hora em que nem percebemos mais, torna-se natural.

Felipe, que foi também meu aluno, ficava extremamente irritado quando o filho de 11 anos tirava uma nota baixa na escola, a ponto de ser muito agressivo verbalmente. O menino mentia sobre trabalhos escolares, lições e provas. Felipe contou-me que tinha muito medo de o filho se tornar um adulto irresponsável. Aos poucos, Felipe percebeu a origem daquele comportamento compulsivo, pois cresceu ouvindo que uma pessoa sem estudo viraria um delinquente, e toda a performance de vida dele estava pautada nos rendimentos. Tornou-se superexigente consigo e com quem estava em volta volta, sobretudo o filho. A consciência e os constantes

exercícios de autoconhecimento foram, paulatinamente, promovendo pequeninas mudanças em Felipe. Tempos depois, ele me escreveu comemorando para contar que as conversas com o filho haviam mudado: "Helô, no último domingo, a gente se sentou pra conversar e olhei nos olhos dele. Não gritei e só depois percebi o que tinha feito!". Emocionei-me com as palavras dele, pois sabia o quanto significavam.

Entre os exercícios que Felipe pratica estão a **mudança de estado de espírito** (que experienciamos há pouco), a **respiração** e a **presença**.

Respirar é uma prática que menciono inúmeras vezes, em diversos meios de comunicação. Ela também ajuda a mudar nosso estado de espírito. Nesse exercício, levamos mais oxigênio ao corpo, temos capacidade de acessar outras áreas do cérebro para ampliar a consciência e tomar nossas decisões. Leia com atenção.

EXERCÍCIO DE RESPIRAÇÃO

1. Comece respirando pelo nariz. Inspire profundamente e leve o ar até sua barriga. Você sentirá seu abdômen aumentar. Conte mentalmente até três para acompanhar esse movimento: 1... 2... 3. Sinta o ar se expandindo dentro de você. Essa é a respiração longa, aquela que alcança o corpo inteiro.
2. Agora, segure o ar por três segundos: 1... 2... 3.
3. E é hora de soltar, mas agora é pela boca. Suavemente deixe o ar sair e, enquanto fizer esse movimento, vá contando até quatro: 1... 2... 3... 4.

Pronto! Foram apenas dez segundos. Um pequeno intervalo que já faz grande diferença em seu corpo. Agora imagine o poder dessa prática diversas vezes ao dia! Ninguém nem precisa notar, e você diminui sua aceleração cardíaca e volta sua atenção a você. Tudo vai se aquietando por dentro, inclusive a mente. Respire antes de tomar uma decisão difícil. Respire para se preparar para algo importante. Respire antes de conversar, criar, escrever etc. Então inspire. Sinta. Solte. E esteja com você.

EXERCÍCIO DE PRESENÇA

Este exercício é um convite para que você se reconecte com o agora, com o que está acontecendo neste exato instante. É uma maneira simples, e poderosa também, de fortalecer a conexão com sua sabedoria interna, sua Inteligência Espiritual.

1. A proposta é estar onde seu corpo está. Quando a mente estiver agitada ou dispersa, volte com gentileza para o momento presente e respire, fundo e lentamente.
2. Perceba o ar entrando pelas narinas e saindo pela boca. Faça isso algumas vezes, até sentir que você está inteiro ali – em seu corpo, seu espaço, seu tempo.
3. Agora, leve sua atenção para o que está a sua volta. Não precisa mudar nada, apenas observe. Note o que seus olhos enxergam: os objetos ao redor, as cores, as formas. Talvez você veja uma xícara em cima da mesa, um brinquedo no chão, uma fresta de luz entrando pela janela. Não é preciso corrigir nada, nem fazer ajustes. Apenas veja. Apenas esteja.

4. Se puder, repare também nos sons, no barulho de alguém falando, no som de sua própria respiração. Sinta a textura de algo próximo, como o tecido de sua roupa ou o apoio da cadeira. Perceba seu corpo nesse espaço.
5. Essa simples prática de observação o ancora no presente. Muda a forma como você se relaciona com as pessoas. Quando você está presente, escuta mais do que palavras; ouve emoções e sentimentos, além de sua intuição.
6. A presença é um ato de amor por si. E ela comunica: "Estou aqui, com você, inteiro". Em uma conversa com seu filho só existe o que está ali, sua atenção está nesse foco. Isso nutre não apenas o vínculo entre vocês, mas também sua conexão consigo.
7. E se você sentir que se perdeu, se irritou, saiu do eixo, volte. Respire de novo. Olhe de novo. Recomece.

A Inteligência Espiritual se manifesta quando nos abrimos para o significado das pequenas coisas, para o silêncio entre os pensamentos, para a conexão com o todo, mesmo nas situações mais comuns. Então, sempre que se perceber fora de si, correndo no automático ou desconectado, faça uma pausa. Respire. Olhe ao redor. E se traga de volta. Sempre é tempo de voltar para a presença.

SIGA AJUSTANDO A ROTA

Fazer diferente é um **caminho de tentativas**. Você poderá seguir ora por uma nova direção, ora por outra. Creio que compreenda melhor agora porque não existe um manual rígido. Em relação aos filhos, isso deve ser construído, preferencialmente,

em combinados entre os pais. De que maneira funciona melhor? É uma escolha. O que a torna diferente a partir do autoconhecimento é a **consciência da escolha adulta** (e não da criança emocional), que tem a liberdade para mudar também as próprias escolhas.

Em algum momento, talvez você perceba que aquele percurso está ficando confuso, atrapalhado, dando sinais de que necessita ser alterado. E tudo bem. É possível repensar, encontrar outras formas de seguir ou buscar outras orientações profissionais. É assim que se constrói um novo jeito: experimentando, avaliando e ajustando.

É sempre na trilha de olhar para o filho dentro de nós que vamos seguindo com as mudanças, inclusive para alterar a perspectiva da relação com nossos próprios filhos. Em uma situação de conflito com eles, podemos nos perguntar: "O que isso me causa? De onde vem? O que estou fazendo (pensamento, sentimento e reação)?". São reflexões essenciais para alterar a rota ou até decidir continuar como estamos – no entanto, com consciência e sabendo que por aquele caminho tendemos a obter os mesmos resultados. Nesse sentido, compartilho a seguir um roteiro de exercício que utilizo até hoje.

EXERCÍCIO DE INVESTIGAÇÃO

1. Presto atenção em mim para perceber o que determinado comportamento me causou. No popular, o que está "pegando"? Por que fiquei irritada, chateada...?
2. Então, percorro o caminho de olhar para minha infância e identificar de onde vem aquele aprendizado emocional.

3. Entendo que não nasci assim, aprendi inconscientemente a partir de minhas referências.
4. Começo a cuidar de minha "criança emocional", compreendendo o que ela viveu e que não havia outras estruturas para seguir de modo diferente.
5. Percebo que, assim como acontece comigo hoje, meus pais não possuíam conhecimento para fazer de outro modo, viveram essa mesma herança de padrões.
6. Eu os perdoo porque estavam inconscientes, não dispunham das ferramentas que tenho agora.
7. Agradeço mentalmente a minha mãe e/ou a meu pai, e deixo as expectativas deles com eles. Repito em minha cabeça: "Obrigada, mãe; isso é seu e fica com você. Eu fico com o que é meu, com minhas expectativas".
8. Com a consciência que adquiro hoje, vejo essa situação de outro ponto de vista e posso seguir de uma nova forma, com autonomia para fazer crescer minha adultez emocional.
9. Escolho fazer diferente e sei que posso continuar com novos ajustes pelo caminho.

Essa é uma prática que realizo desde que fiz meu primeiro Processo Hoffman, há cerca de quarenta anos.

A cada passo, sigo reforçando aprendizados com você, como o de estarmos sempre referenciados a nossos pais – e não há como ser diferente. Contudo, é possível colocar em prática as mudanças e, em especial, diminuir sofrimentos para irmos adiante sem carregar tanto o peso da culpa, da cobrança, das expectativas de perfeição e da frustração.

RENOVAR A PRÓPRIA ÁRVORE É UM PROCESSO DIÁRIO.

Cure suas raízes e liberte seus filhos

@heloisacapelas

07.

LIBERE AS RAÍZES DA CULPA

Todas as reflexões que percorremos prepararam o terreno para, aos poucos, soltarmos o peso da culpa.

Antes de avançarmos, é importante reforçar: não estamos tratando aqui das mazelas sociais que necessitam ser acompanhadas pelo sistema judiciário. Nossa trilha é outra. Estamos falando das dores cotidianas que emergem nas relações familiares, dos conflitos emocionais, dos momentos de desencontros com os filhos, das frustrações que todo pai e toda mãe, em algum momento, vivenciam; em suma, das culpas que nascem dessas experiências humanas.

Um ponto que frequentemente gera confusão quando abordamos a liberação da culpa é o entendimento, ainda muito presente em nossa cultura, de que todo culpado merece castigo. Associamos culpa à responsabilidade, mas são conceitos diferentes.

A responsabilidade nasce da escolha consciente. "Eu fiz a escolha. Eu me responsabilizo por ela." Portanto, primeiro vem a consciência de que toda escolha traz um desdobramento – e é isso que me convida à maturidade. Em síntese: faço escolhas conscientes e obtenho resultados.

Quando estamos presos à culpa, ficamos acorrentados ao erro e ao passado. Dizemos coisas como: "Nossa, tomei uma decisão equivocada há vinte anos…". Mas como posso afirmar, hoje, que há duas décadas fiz algo errado? Sou outra pessoa, com outros recursos, outra consciência. Avaliar o passado

com os olhos de autojulgamento do presente é chegar à punição silenciosa: a exigência de pagar por algo indefinidamente. Isso também se aplica a decisões mais recentes. Às vezes, diante de um resultado frustrante, logo pensamos: "Eu mereço isso". E a vida vai se tornando pesada, difícil de carregar.

Ainda, há ocasiões em que atribuímos nossas escolhas aos outros: "Eu só fiz isso porque fulano...". Porém, quando transferimos nossa responsabilidade para o outro, voltamos ao terreno da culpa e perdemos a oportunidade de lidar com ela de maneira consciente.

Responsabilidade é assumir: "Naquele momento, fiz aquela escolha porque achei que era o rumo a seguir". Ponto. Agora, se hoje não estou satisfeito com o resultado, devo fazer outra escolha, seguir um passo diferente. Sem culpa e sem rotulações de certo ou errado, sem me condenar. O que existem são "resultados", e só temos como saber se foram bons ou não depois da escolha. Em suma: há escolhas e resultados conforme essas escolhas.

Com o autoconhecimento aprendemos que "minhas atitudes são minha responsabilidade". Bob Hoffman costumava dizer: "Minha vida, minha responsabilidade". Uma frase simples e profundamente transformadora.

A culpa carrega julgamento e punição. Ela nos prende ao passado, nos mantêm em sofrimento e nos impede de evoluir, como se sempre precisássemos pagar por algo. Costumo repetir que, com a responsabilidade que vem da escolha consciente, a vida fica mais fácil porque, dependendo do

resultado, podemos mudar a rota e esperar o próximo resultado para saber se fizemos uma boa escolha ou não.

Durante os anos iniciais de crises de minha filha Beatriz, decidi tratá-la também com a homeopatia. Na época, meu ex-marido tinha críticas. Tempos depois, ele chegou a questionar se a piora do quadro da Bê não estaria relacionada a minha intervenção. Vivi com esse questionamento e com a culpa durante muito tempo, criando meios de me autopunir. Novamente, vivi a arrogância ligada à culpa por acreditar que eu tinha o poder de decidir o destino da Beatriz naquele momento.

Imagine, que poder é esse?! Essa arrogância era, na verdade, o avesso da insegurança. Apenas estava me defendendo da insegurança de falhar como mãe. Foi o autoconhecimento que me libertou desse peso e desse ciclo. Quando consegui olhar para todo esse processo da culpa com mais clareza, soltei o peso e segui mais leve.

Lembro-me de meu aluno Luiz, que carregava uma grande culpa por um ato de explosão com o filho, um menino de 12 anos que vivia a fase de distanciamento dos pais. O jovem começou a passar horas no quarto, imerso em jogos eletrônicos. Luiz e a esposa, preocupados, intensificaram as tentativas de reconexão com passeios aos fins de semana, mas estes não surtiam efeito. O jovem não aceitava.

Por mais que os pais buscassem dialogar, o menino ficava mudo e não saía do quarto. Sábado e domingo passou a virar um momento de estresse familiar. Certa vez, Luiz foi contar ao filho sobre a programação que fariam, e o menino disse: "Não vou". O pai foi impositivo e continuou afirmando que sairiam em uma hora, que o filho deveria se arrumar... Porém, quanto mais falava e não via reação nenhuma do filho,

que só olhava para a tela do computador, Luiz se enfurecia e aumentava o tom de voz. Em determinado momento, o pai, que nunca havia agredido o filho, o puxou pelo braço, derrubou-o da cadeira e, ao mesmo tempo que o segurava com uma das mãos, usou a outra para arremessar o computador na parede com toda fúria, estraçalhando-o. E foi arrastando o filho para fora do quarto. A mãe, desesperada, interveio para separar os dois. O jovem se trancou no banheiro chorando. O pai, desolado, sentou-se no chão, caiu em pranto repetindo: "O que foi que eu fiz?".

Mais tarde, ao iniciar a jornada de autoconhecimento, Luiz compreendeu muito do processo sobre o qual você e eu estamos também conversando, sobre o quanto aquela situação nova passou a preocupá-lo e ativar comportamentos impulsivos. O medo de perder o filho, o medo de falhar como pai, a frustração por toda a situação. Aos poucos, ele compreendeu a própria inconsciência e iniciou o processo de soltar a culpa que o corroía. E o mais importante: Luiz viveu a experiência do perdão – a si e ao filho. Aquele sistema familiar estava com dificuldades, e todos os membros necessitavam se olhar e se cuidar. Luiz decidiu também seguir fornecendo apoio terapêutico ao filho.

Todos nós podemos passar por momentos que nos tiram dos eixos, de vivermos aquela expressão: "Saí de mim". É por isso que o caminho do autoconhecimento é uma jornada que leva você para dentro de si e cujo resultado envolve você sair da reação (inconsciência) para a ação (consciência).

É o que representa você se apropriar de si; e uma vez com o pé na estrada do autoconhecimento, esse é um movimento contínuo: migrar da inconsciência para a consciência. Porque vamos nos descobrindo constantemente, como em

camadas, até o fim da vida. Ora estaremos mais conscientes de nossos comportamentos, ora, não.

Essa caminhada envolve reconhecermos também que somos compostos de bem e mal, de luz e sombra. Saber disso nos dá maior clareza para que as próximas escolhas sejam mais conscientes: pensamento, sentimento e atitude. É saber que não existe perfeição no ato de educar, mas pode haver mais consciência, responsabilidade e presença. É uma jornada de treino e repetição.

E mesmo com toda a prática contínua, poderão existir dias mais difíceis e, com eles, surgir a sensação de termos dado um passo para trás. Novamente, a diferença virá com a consciência ativa por meio da qual conseguiremos reajustar o prumo para prosseguir.

Importante dizer: a inconsciência não é justificativa nem nos exime das consequências. Os resultados sempre existirão. Muitas vezes são eles que nos despertam e sacodem para as mudanças. Aliás, quando estamos na inconsciência, é como se os resultados nos chamassem o tempo todo para nos despertar.

É por isso que a responsabilidade é libertadora. Ela nos convida à consciência e à ação. Ao assumi-la, reconhecemos o impacto de nossas escolhas, sem nos aprisionarmos no erro. Em vez de nos punir, a responsabilidade nos permite aprender, reparar e seguir adiante.

Quero lhe trazer também um exemplo simples, mas relevante porque envolve situações mais banais do cotidiano.

Odete, professora de yoga, decidiu ficar quatro meses de licença-maternidade por estar aflitíssima pela volta ao trabalho. Ela organizou a vida de seu bebê para ele estar na creche com 5 meses. Viveu o conflito da culpa, mas conversou com o marido e com a família e fez uma escolha consciente. Então, se um aluno faltar em um dia de frio e chuva, e ela pensar no filho pequeno na creche com remorso, já terá entrado na culpa. Mas com a consciência ativa sobre a escolha, Odete pode fazer outra coisa no horário vago que surgir, sem arrastar esse peso para dentro de si, ficar brigando internamente a respeito do que é certo e errado e se castigar.

Reconheça que você está fazendo e fez o melhor que pôde com os recursos que tinha até este momento. O passo agora é seguir a partir dessa nova consciência com responsabilidade. Faça escolhas, coloque-as em ação e acolha os resultados como bússolas para os próximos movimentos.

Se existe um passo fundamental nesse caminho de responsabilização e libertação da culpa, ele se chama perdão. Perdoar a si mesmo é transformador. O perdão não apaga o que foi vivido, mas transforma o lugar de onde olhamos para a situação de dor. No próximo capítulo, falaremos sobre essa ferramenta tão essencial. Antes, necessitamos ver mais sobre as raízes que nós geramos para aprender sobre outras liberações.

LIBERE-SE DE SER DONO

Um ponto importante, mas pouco abordado na jornada de liberação, é este: quanto, muitas vezes e sem perceber, nos sentimos donos de nossos filhos. É um tema que costuma gerar confusão e entendo, pois, especialmente como mães, nosso instinto nos leva a oferecer abrigo e colocar nossos fi-

lhos debaixo de nossas asas de proteção. Mas, por amor, também muitas vezes esquecemos que nossa maior contribuição é ensiná-los a voar e a não depender de nós. Há uma linha sutil entre cuidar e controlar. Entre amar e se apropriar do outro. E ela também surge inconscientemente.

É natural que, ao gerarmos ou adotarmos um filho, brote o desejo de nos sentirmos completados por essa relação. Para muitos de nós, a maternidade e a paternidade são realizações pessoais. Mas quando esse desejo vem carregado da necessidade de "ter", o amor pode perder espaço para o controle. Friso que se trata de um movimento totalmente inconsciente. Precisamos estar com a autopercepção do autoconhecimento ativa, sem julgamento, sem certo e errado, para refletirmos sobre nós a esse respeito. Costumo dizer que não "temos" filhos, nós "somos" pais. São os filhos que têm pais. Essa é uma mudança importante de olhar. Pode ser que você acredite que ambas as formas dizem a mesma coisa, mas meu intuito é ressaltar quanto o "ter" faz com que pais ajam como se fossem donos das escolhas de seus filhos, de seus destinos, de suas dores e conquistas. E aí, quando algo não sai como imaginavam, sofrem.

Obviamente existem as fases nas quais os filhos dependem apenas de nós e, sim, temos o poder de vida e de morte quanto a eles. São pontos sobre os quais já refletimos aqui, assim como sobre quanto somos responsáveis pela orientação e educação – estamos auxiliando-os a se desenvolverem. Vimos também como desde a infância precisamos instrumentalizá-los a voar (com limites, com "nãos" etc.) e sobre o quanto, quando isso não ocorre, podemos sofrer mais ainda – e não exatamente pelo que acontece com os filhos, mas pelo que a dor desperta em nós.

Quantos pais e mães vivem o sofrimento do ninho vazio não só por saudade, mas porque não conseguem se reconhecer fora da função de "ter filhos em casa"? Quantos sentem vergonha ou desgosto ao perceberem que seus filhos não seguiram o caminho esperado? Quantos se veem tentando consertar os filhos – não por eles, mas para acalmar a própria frustração? Essa é uma reflexão dolorosa, mas essencial: "Será que em muitos momentos eu não quis um filho para mim, em vez de me disponibilizar *para ele*?"; "Será que não me apeguei mais a minha maternidade do que à existência real de meu filho, com suas particularidades?".

A liberação, aqui, não tem a ver com se afastar emocionalmente, mas com deixar o outro existir. É soltar a fantasia de que podemos moldar os filhos conforme nosso desejo (eles serão moldados com nossa influência, mas nunca será exatamente com o que "queremos"). É reconhecer que eles não são nossos, são deles mesmos. E que o maior ato de amor é mostrar, todos os dias, que confiamos que eles são capazes de dar conta da própria vida – mesmo que seja diferente da que sonhamos.

Como você sabe, por bastante tempo me vi tentando mudar a deficiência intelectual da Bê – e, muitas vezes, não era por ela, e sim por mim. Até que compreendi que o que mais importava não era eu "ter uma filha", mas Beatriz ter uma mãe – presente, amorosa e disponível para acolhê-la e a vida como ela é.

Essa virada de chave interna transformou tudo. Passei a soltar a Beatriz desse meu controle compulsivo todos os dias e a acreditar que ela daria conta dela – do jeito dela, no tempo dela. E como mãe, passei a estar ali como suporte para o que ela precisasse.

Esse é um exercício que não tem fim. Requer prática, consciência e, principalmente, uma profunda revisão interna: *Será que eu me reconheço como fonte de amor ou sigo esperando que meu filho me preencha?*

Em geral, ainda não entendemos que o amor é algo interno. Então, se eu não reconheço meu amor por mim, não posso dar amor a meu filho querendo que ele me devolva e supra aquilo que não tenho.

Devo me apropriar de minha própria fonte de amor, e meu filho não tem obrigação de me dar ou devolver nada; o que ele precisa mesmo é descobrir que também é uma fonte de amor, mas como convencer meu filho disso se eu mesma não acreditar que eu sou? Enquanto eu amar esperando retorno – esperando que meu filho me salve, me honre ou me orgulhe –, estou oferecendo a ele mais do amor condicionado e viverei com a sensação de que falta algo a ser preenchido dentro de mim.

LIBERE SEUS FILHOS; LIBERE VOCÊ MESMO

Ainda no tema liberação, outra reflexão relevante é sobre o quanto fazemos "pelos filhos". Está na hora de mudarmos esse lugar para algo mais consciente: fazemos "com eles". Porque, dessa forma, crescemos juntos e paramos de carregar outro peso que nem percebemos. E, sim, haverá os momentos em que o melhor será deixá-los voarem sozinhos.

A **relação entre pais e filhos não é uma parceria** no sentido que culturalmente atribuímos à palavra. Por mais amorosa que seja, a relação entre pais e filhos é assimétrica. Ela não se dá entre iguais. É uma relação hierárquica. Os pais

dão, e os filhos recebem. Essa é a ordem natural e saudável do sistema familiar. Não há como os filhos devolverem a vida, por exemplo.

Por isso, quando esperamos que os filhos nos devolvam algo, caímos em uma expectativa perigosa. Esperamos gratidão, reconhecimento e afeto. Esperamos que nos honrem de um jeito específico, que nos compensem. E quando isso não acontece, entramos no sofrimento e outra vez ficamos presos na culpa e na dor: "Será que fiz algo errado?".

Os filhos podem nos amar, acolher, cuidar de nós… (Eu vivi exatamente essas fases com meus pais, e o mesmo pode ter acontecido com você.) Entretanto, quando esperamos isso por obrigação, estamos presos a uma condição. Os filhos devem seguir em frente, viver as próprias vidas com os recursos que receberam. Honrar a própria existência. Ao fazerem isso, eles nos oferecem a melhor forma de reconhecimento: a continuidade.

Essa compreensão é essencial para não adoecermos emocionalmente. Quando confundimos a relação com os filhos com a de uma parceria – como a que temos com amigos, cônjuges ou em projetos de trabalho –, passamos a esperar trocas que não cabem nesse lugar. E surge a frustração: sentimos que damos mais do que recebemos, que nos sacrificamos em vão, que falta algo. Sentimo-nos vítimas.

Volto a destacar que, nessa situação, o que nos falta é nos preencher com nosso próprio amor. Se estamos abastecidos, deixamos de exigir que nossos filhos ocupem nossos vazios. Passamos a nos relacionar com eles a partir da abundância, e não da carência. Amamos porque amamos, e não porque precisamos ser amados de volta. E isso muda tudo. Essa é a

base do amor que liberta; do amor que dá sustentação sem aprisionar; do amor que acredita e confia.

Talvez você tenha herdado comportamentos que lhe fizessem pensar diferente até aqui. Que bom estarmos juntos nesta jornada, é meu papel provocar você a encontrar novos pontos de vista e ampliar a percepção sobre questões que seguimos replicando compulsivamente.

Em sua trajetória, vá liberando seus filhos para que aprendam a andar com as próprias pernas e, depois, possam escolher as ações que vão tomar. Não por dever, e sim por amor. Com tal exercício você liberará a si mesmo.

08.

ADUBE COM O PERDÃO

Quando lidamos com as fragilidades emocionais, o que mais ouço das pessoas é o desejo de serem fortes ou mais fortes. Imagino que, em algum momento, isso deve ter acontecido (ou aconteça) com você também. Como ser forte para lidar com as dificuldades da vida? E, especialmente para nós, pais, com os desafios que surgem em relação a nossos filhos?

Esse é um desejo muito ligado a nossa Inteligência Intelectual – aquela que planeja, executa, discerne, tem criticidade etc. No entanto, foi ao priorizarmos esse trajeto que pensar passou a obter mais importância do que sentir. Para a grande maioria de nós, sentir se tornou a parte frágil, a que vai ao encontro da vulnerabilidade.

Mas veja que interessante: o lugar de nossa vulnerabilidade é também onde mais nos aproximamos de nossa fonte genuína de amor. Digo isso porque nossas experiências mais intensas de vulnerabilidade aconteceram lá no início da vida, aquela fase em que amávamos incondicionalmente: sem precisar de motivo, sem receber nada em troca. Foi depois que aprendemos a condicionar o amor: "Se você for assim, se fizer tal coisa... eu te amo". Passamos a amar com limites, exigências e explicações.

Reconhecer isso não significa que tenhamos de viver na vulnerabilidade ou a todo momento demonstrá-la; basta saber que essa condição faz parte de quem somos. Ela

nos conecta a nossa humanidade. A vulnerabilidade tem o potencial de nos levar à lucidez – somos compostos de luz e sombra. Negar que temos fragilidades, paradoxalmente, pode nos tornar ainda mais fracos, à medida que seguimos nutrindo ou escondendo nossas dificuldades de nós mesmos.

Não, você não precisa mais se esconder de você; pelo contrário. Estamos juntos nessa caminhada para que você reconheça o filho que há dentro de si e se conecte a ele. É onde está a criança fantástica, repleta de sonhos, risos e amor.

Se por um lado correlacionamos o sentir à fragilidade, por outro é também verdade que a Inteligência Emocional passou a ser muito mais valorizada em nossa cultura nos últimos anos. Porém, note que o motivo ainda está mais ligado ao problema da saúde mental. Isso me lembra a máxima de que as pessoas procuram mais o desenvolvimento humano pela dor do que pelo amor. E voltamos ao início: para não doer, evitamos sentir.

Contudo, é nessa trilha insana de sermos fortes que vamos nos distanciando de nossa autenticidade, de nossa melhor parte, e inclusive adoecemos. Fazendo uma força psíquica enorme para nos manter vivos enquanto seguimos na contramão da natureza humana mais nativa: o próprio amor.

É por isso que necessitamos descansar nosso cérebro e todo o nosso corpo para encontrar mais leveza e paz dentro de nós. É assim que vamos dando os passos de mudança com maior firmeza e, ao mesmo tempo, aprendemos a viver

com maior bem-estar e satisfação pessoal. E o que nos possibilita chegar a esse caminho é o perdão.

Perdão a nós mesmos, por nossos descompassos, nossas falhas, nossas autocobranças... Perdão ao outro, pelo que nos feriu, desapontou, humilhou... Perdão aos acontecimentos incontroláveis, pela fatalidade que deixa marcas em nossa vida, pelas dores que nos causaram...

E não, eu não falo aqui de religião. O perdão é uma ferramenta poderosa capaz de promover novas conexões cerebrais positivas que incidem sobre a melhora e o aumento da saúde, as mudanças comportamentais que geram maior capacidade para resolução de conflitos e a expansão de nossa criatividade. E esses são apenas alguns dos benefícios. Há muitos estudos no mundo sobre o tema.[31]

O diretor dos Projetos de Perdão da Universidade Stanford, Dr. Frederic Luskin, atua com pesquisas científicas na área há mais de trinta anos e afirma que o perdão conduz você para a "paz e a compreensão que advêm de diminuir a culpa por aquilo que o magoou, de levar sua experiência de vida menos para o lado pessoal e de enxergar o custo de guardar rancor".[32] É algo que defendo desde que coloquei o pé na estrada do autoconhecimento, tanto que me tornei ativista do perdão e escrevi também um livro específico sobre o tema:

---

[31] RICCIARDI, E. *et al.* How the brain heals emotional wounds: the functional neuroanatomy of forgiveness. **Frontiers in Human Neuroscience**, v. 7, art. 839, 2013. Disponível em: https://www.doi.org/10.3389/fnhum.2013.00839. Acesso em: 12 mar. 2025.

[32] LUSKIN, F. The Art of Forgiveness. **Stanford Medicine**, [s.d.]. Disponível em: https://med.stanford.edu/survivingcancer/coping-with-cancer/cancer-and-forgiveness.html. Acesso em: 12 mar. 2025.

Perdão, a revolução que falta.[33] E, claro, depois de concluirmos esta jornada, adorarei seguir com você por meio dessa obra também.

Por meio do perdão, aprendemos a relaxar e a soltar a rigidez das tensões neurológicas – e não importa se elas foram geradas por nos considerarmos fracos, medianos ou até muito fortes. Começamos a modificar substancialmente nossas emoções. Passamos a treinar novas áreas cerebrais a darem respostas diferentes das que internalizamos de modo automático em nossos comportamentos. Dessa maneira, surge um descanso interno em nós, e é por isso que perdoar representa soltar o passado. O perdão significa renunciar a toda a esperança de um passado melhor. Já passou.

Sempre que toco nesse tema – "soltar o passado, deixar o passado" –, há pessoas que me questionam: "Como assim? O passado me constituiu, faz parte de minha história, e isso é impossível!". É verdade. Não podemos mudar nada do que nos aconteceu, mas podemos mudar a forma como interpretamos os eventos do passado e como nos relacionamos com ele. E, ainda mais relevante: podemos mudar as emoções e os sentimentos que ficaram presos ao que nos aconteceu, se assim desejarmos. É sempre uma escolha consciente.

Ao chegar neste momento de nossa caminhada, você já compreendeu que suas referências para se tornar humano foram repletas de acontecimentos que moldaram a maneira como você se relaciona consigo e com o mundo. A partir da consciência, você passa a reconhecer melhor o que deseja modificar. Já demos alguns passos importantes, e preciso dizer a

---

[33] CAPELAS, H. **Perdão, a revolução que falta**: o ato de inteligência que vai curar a sua vida. São Paulo: Gente, 2017.

você que, eu sei: afrouxar e soltar pode dar medo, não é? Parece que vamos perder algo de nós, deixar de ser quem somos. É por isso que existe também a dificuldade de se praticar o perdão.

Lembra da história da Margareth, que tinha horror à desorganização? Quando lhe expliquei o conceito do perdão, de soltar o passado e se liberar, comentou: "Nossa, então serei bagunceira como minha mãe!". Olhei nos olhos dela com carinho e recordei de mim mesma, quando obtive esse ensinamento, e esclareci: "Não. Você será organizada, mas agora sem o peso, a pressão, a rigidez e a crítica". O que ocorria quando Margareth estava inconsciente é que criticava todo mundo que via como bagunceiro, quando, no fundo, estava criticando sua mãe.

Com o perdão para nossa história, afrouxamos a própria "obrigação" de honrar nossa própria história e passamos a exercer a honra por escolha e gratidão. O passado está lá, e eu estou aqui. A partir desse fundamental passo, eu gero novos comportamentos sustentáveis.

COLHA RESULTADOS EM TREINO CONTÍNUO

Este é um processo de treino. Significa que perdoar é um verbo que vamos exercitando em camadas em nossa vida para sempre. Há situações que, paulatinamente, gerarão novos resultados e há também as que nos impactarão de modo rápido e surpreendente. É o caso de Vagner, um renomado médico e professor de Medicina, brasileiro, que morava no Canadá.

Recebi a filha dele, Carina, no Processo Hoffman e, ao concluir o curso, ela decidiu visitar o pai – a quem não via há muito tempo. Carina cresceu nutrindo uma grande mágoa.

A ausência de Vagner em sua vida foi uma constante e, para ela, isso representava que o pai lhe dava um lugar de pouca ou quase nenhuma importância. Depois de viver o perdão por essa história, Carina decidiu surpreender o pai pessoalmente. Ao se encontrarem na residência dele, no Canadá, falaram sobre amenidades e, em determinado momento, ela olhou profundamente nos olhos de Vagner e disse: "Eu te amo, pai".

O médico ficou desconcertado, deu um passo para trás, não disse nada. Foram poucos segundos de silêncio, e ele rapidamente decidiu pegar algo na cozinha e mudou de assunto. Recordo-me quando Carina me ligou contando: "Meu pai não aceitou o meu 'eu te amo'".

Ela respirou, sentiu a dor e seguiu o processo do perdão. Estava decidida a tocar sua jornada sem a mágoa que a corroeu por tanto tempo. Mas a visita dela ao pai também teve a intenção de entregar-lhe, em mãos, um presente: uma inscrição para o Processo Hoffman. Vagner recebeu a novidade com espanto, pensou calado por alguns instantes e aceitou.

Quando esse pai esteve em aula comigo e pôde também viver a experiência do perdão, contou-me: "Não estava preparado para aceitar aquele amor. Foi como se minha filha tivesse me dado um soco no estômago. Ela me dobrou. Como assim, depois de toda a minha ausência, ela me amar? Então, claro que eu tinha de vir ao curso entender o que isso significava".

Essa relação se resgatou. Foi lindo acompanhar. É uma história que me comove, assim como muitas outras que acompanhei ao longo de todos os anos em que atuo com o autoconhecimento. Compartilho-a também como exemplo de quanto nossos pontos de vista divergem. Para Carina, aquela reação do pai significava "não aceitar o amor dela".

Para Vagner era: "Eu não sou merecedor desse amor". A grande diferença é que a filha já havia compreendido o potencial do perdão e a importância do treino dele. Independentemente de o pai fazer o curso, ela continuaria perdoando a ele e a si mesma.

Neste momento, necessito enfatizar: você não precisa ser forte, você precisa colocar o perdão em movimento, amar-se e ser você, com a consciência de todo dia dar seu passinho para ser melhor do que ontem.

Mesmo que você tenha de, em algum lugar, carregar pedras (metaforicamente falando), com a consciência que adquiriu até aqui, o fardo pode ser mais leve. Você pode relaxar mais, realizou um bom trabalho, foi o que deu para fazer com os recursos que possuía até agora. Não pare. Responsabilize-se. Abrace-se e se acolha mais.

Seus pais, avós, bisavós, tataravós e toda sua ancestralidade também fizeram o possível com os entendimentos que tinham. Se você está lendo estas linhas hoje, certamente recebeu alimento e afeto essenciais para chegar até aqui.

Eu sinto muito, mesmo, caso hoje seu filho se encontre em um lugar de dor. Mas não se culpe. A culpa é de nossa ignorância como humanidade. É de nossa inconsciência. E agora estamos, juntos, na trilha deste livro para despertar seu olhar. Agora você pode melhor ver esse solo e a origem de suas raízes, para ampliar sua sabedoria e sua consciência.

Certa vez, em uma entrevista que concedi em um podcast, o apresentador refletiu sobre a própria história de infância e as brigas com os pais e me falou: "Pelo menos estou tentando fazer diferente deles!". Logo indaguei: "Mas seus pais também não tentaram fazer diferente de seus avós? Você acredita mesmo que eles estavam fazendo de propósito?". Chegamos,

em geral, tão inconscientes dessa fase que nem nos atentamos que eles também não tinham consciência.

Nós, pais, estamos em outro momento cultural em relação a nossos filhos, e os filhos também estão em outro, diferente de nossa infância e adolescência. Portanto, cada geração seguiu e seguirá com as diferenças na comparação com os próprios pais.

Alguém é detentor da sabedoria absoluta sobre o que devemos fazer, neste momento, para melhor educar e desenvolver os filhos? Não. Sempre repito: se alguém lhe der uma cartilha pronta, é mentira. Os contextos de nossas vidas são múltiplos, e somos seres humanos únicos. Continuaremos seguindo em tentativas, em escolhas e resultados decorrentes dessas escolhas. Há coisas que funcionarão hoje e amanhã não mais, e o que faremos é mudar as escolhas para obter outros resultados.

Agora que ampliamos a percepção sobre o perdão, vamos nos abastecer com um novo exercício. Nossa prática inicial será por meio de uma atividade especial que preparei para você.

Como o objetivo é usar as quatro Inteligências, não se trata de uma dinâmica para você ler. É para ouvir. É para imaginar. É para sentir. É para se conectar consigo e com a energia positiva que vibra em nossa volta, aquela que vem também de nossa mãe natureza, a fonte de toda a vida em nossa Terra.

Vamos, juntos, exercitar a Viagem Mental do perdão aos filhos que moram dentro dos pais.

Você deve acessar o QR code a seguir, mas antes precisamos nos preparar com algumas instruções (caso tenha alguma dificuldade de audição, fique tranquilo: o exercício está legendado também).

1. Faça o exercício em um local tranquilo e reservado.
2. Feche os olhos e siga as instruções de minha voz.
3. Sugiro, inicialmente, repetir este exercício por vinte e um dias consecutivos; é um treino cerebral, e você se surpreenderá com as novas conexões sinápticas.
4. Após esse período, repita sempre que desejar.

Viagem Mental
Acolha o filho que reside dentro de você

heloisacapelas.com.br/livro/viagem-mental acolha-o-filho-que-reside-dentro-de-voce

09.
REGUE-SE COM AMOR

Quando você se redescobre, quando volta à própria infância e vai se reconectando a suas Inteligências (com maior lucidez sobre elas), compreendendo como construiu as concepções sobre ser mãe e pai e perdoando a si e sua história, passa a criar maior conexão com sua Inteligência Espiritual – sua sabedoria interior. É ela que conecta você a tudo e guia seu futuro.

Você silencia o barulho que existe entre a cabeça e o coração, escuta sua intuição. Você cresce emocionalmente. Costumo dizer que, a partir da consciência que o autoconhecimento nos proporciona, renascemos de nós mesmos. É o posicionamento adulto para nossas novas escolhas.

Se pudermos nos perdoar, seremos capazes de olhar para nossa história com maior compreensão e sem o peso da culpa. Você e eu não precisamos continuar a nos criticar; também não precisamos mais criticar nossos pais e nossos filhos.

Podemos retomar sempre o caminho do autoconhecimento quando algo estiver doendo.

1. Onde está dolorido? O que está incomodando?
2. Onde e como você aprendeu sobre isso?
3. Busque a quietude que permite fazer mudanças.
4. Olhe para seu filho com mais atenção e reflita: que dor ele está sentindo? Qual é o lugar dele no sistema familiar? Qual obrigação ele tem em relação a você? A quais

expectativas suas ele está tentando atender? Ele está copiando ou fazendo o oposto?

Ele está crescendo, como você um dia, e vivendo ora um conflito, ora outro. Se ficamos distantes desse caminho de reflexão, tendemos a entrar no automático e nas oscilações emocionais. Minha proposta é que comecemos, agora, a viver a paz mais duradoura que sempre começará dentro de nós.

Quero que você se olhe como a mãe ou o pai de seu filho. Reflita: "Que mãe ou pai eu desejo ser?". Escolha a partir de sua consciência, e não mais pelas velhas verdades, nem por cartilhas que possam ter sido apresentadas a você. Reflita: "Qual é minha escolha?".

E assuma a responsabilidade com o coração mais leve. Os resultados lhe dirão se o caminho deve ser reforçado ou modificado. Regue sua árvore com autoperdão, autocuidado e amor-próprio.

Esse último item deve ser ressaltado em sua lista, pois, apesar de todos os três se complementarem, o amor-próprio é, para muitas pessoas, um ponto obscuro sobre o qual se questionam: "O que devo fazer para adquiri-lo?".

A boa notícia é que você já percorreu uma boa parte do caminho, pois a resposta começa em: interesse-se por si mesmo.

Pense em como agimos quando queremos conhecer alguém. Nós nos aproximamos, fazemos perguntas, queremos entender o que a pessoa pensa, sente, sonha etc. Com você, o caminho é o mesmo. Observe-se. Quais são seus gostos?

Quais cores o encantam? Que músicas tocam sua alma? O que há por trás de suas escolhas?

Quando você ama, em geral quer agradar a pessoa, não é? Então, **aprenda a se agradar**. Qual é seu prato favorito? O que deixa você feliz? ("você", não vale dizer algo como "ver o outro feliz"). **Respeite-se e respeite seus limites**. Dizer não, em muitas situações, é dizer sim a você.

Perceber-se com curiosidade e atenção é um ato de carinho. **Amar-se é escolher estar perto de si**. E quanto mais você se conhece, mais interessante se torna para si mesmo. Fique presente para você, aprecie-se e valorize-se.

Amar-se contempla **reconhecer a própria sombra e a própria luz**, para valorizar sua humanidade e seguir diariamente a trilha de evolução; sem se vitimar nem ir para o outro extremo, subindo na pedra da arrogância.

Perdoe-se pelo que não deu certo, pelas coisas que não saíram como você gostaria. Abrace-se e siga em frente, acolhendo os medos que surgirem e colocando-os debaixo de seu braço. Diga-lhe: "Ei, medo, vamos em frente, nós dois juntos".

Haverá dias em que tudo estará em maior fluidez. Haverá dias que em tudo parecerá muito lento. E haverá dias em que você se sentirá empacado. Seja paciente, visto que os aprendizados vão se instalando um dia depois do outro, e como sempre reforço: mantenha-se em constância.

Na natureza, resiliência é a habilidade de um sistema retornar ao estado original ou se adaptar a novas condições após uma perturbação. Esse é um movimento natural da mãe Terra e dos pais.

Ao se preencher por esse caminho de amor, busque espaços para criar maior conexão com seu filho. Não há nada, nenhum suporte maior do que o que conseguimos

criar pelos laços familiares. E o início dessa história é, sim, sempre dentro de nós.

Então, aconchegue-se. Somente agora você pôde analisar tudo isso. A partir dessa responsabilidade, que escolhas fará? Como olhará para seu filho? Como se posicionará de maneira firme e amorosa? Você se conectará mais aos olhos dele? Siga pelas constantes possibilidades de mudanças.

CULTIVE SUA INTEGRAÇÃO

Nós percorremos a jornada de voltar à raiz de seu amor original, o que surgiu a partir de sua concepção. Da criança que veio ao mundo com o olhar de fascinação pelos pais, pelos cuidadores. Resgatá-lo é resgatar o grande potencial de amor por si, por seus filhos e por sua vida.

Esse amor, que chamo de "original", me remete à floresta que nasceu antes de nós, humanos. É nesse sentido que plantar uma árvore é, para mim, também um símbolo de resgate de amor. É como se estivéssemos resgatando o início de nossa humanidade e, ao mesmo tempo, nos nutrindo com mais vida.

No caminho dessa evolução, necessitamos estar conscientes de que chegaremos a ser as melhores mães e os melhores pais possíveis. Estamos no estágio em que precisamos de muito abraço, muito acolhimento e muita responsabilidade. Sigo enfatizando: faça isso por você e por seu filho.

Por muito tempo, passamos a delegar as mudanças do próprio planeta – da preservação da natureza – às gerações futuras. Como analogia, é algo semelhante a dizer: "Já sou adulto e não tenho jeito ou não há tempo para mudanças, mas meu filho pode ter uma vida diferente". Seguindo nesse

raciocínio, nosso dever foi o de garantir que o futuro fosse melhor. O que existe por trás dessa visão é um ponto importantíssimo de reflexão, porque essa projeção de mudanças visando apenas ao futuro é também quase um atestado de quem perdeu a esperança em si. Meu pai, que nasceu em 1930, repetia que "burro velho não aprende novos truques". É o mesmo paradigma com outras palavras. Felizmente, as neurociências avançam nos estudos sobre a plasticidade neural e mostram que temos capacidade de realizar mudanças até o fim de nossas vidas!

Não existe uma fórmula mágica, no entanto o autoconhecimento traz o grande poder da consciência para efetuar escolhas novas e mais saudáveis, fazendo você – mãe e pai – avançar em conquistas reais e verdadeiras, por seu melhor bem-estar e pelas melhores relações com seus filhos. Essa é a jornada que aprendi a percorrer e que muitos de meus alunos, que tiveram suas histórias aqui compartilhadas, passaram a trilhar. E, agora, você também faz parte dessa história!

O grande adubo para tudo isso está na **integração de nossas quatro Inteligências**. A emoção tem sido ressaltada devido à preocupação mundial com a saúde mental, porém sozinha não há como sustentar o reflorestamento que aprendemos aqui.

Na inconsciência, a Inteligência Emocional estava presa ao ponto de vista de nossa infância, mas agora seu percurso é crescer. Portanto, sentir do ponto de vista adulto requer o apoio da Inteligência Intelectual; é ela que nos dá respostas mais lógicas, inclusive sobre nossas ações. Por exemplo, pode ser que você esteja querendo chorar e não se levantar da cama, mas será preciso agir para se cuidar e sair desse lugar.

A harmonia conquistada entre mente e coração fortalece nossa intuição e sabedoria: a Inteligência Espiritual, onde habita nossa grande fonte original de amor. E tudo isso acontece dentro de nosso corpo, a Inteligência Física, e precisamos cuidar dele para que as demais Inteligências possam se expressar.

É por isso que o grande método de solução envolve a integração das Inteligências. Cada uma e a soma delas é que nos darão recursos para fazer melhores escolhas na vida. A palavra de ordem nesse sentido será sempre o autocuidado.

- **Cuide de suas emoções:** autorize-se a sentir. O processo de autoconhecimento é essencial, então continue buscando outros meios para seguir sua jornada, como apoio terapêutico ou cursos na área.
- **Cuide de seu intelecto:** não o deixe atrofiar, sempre preso às mesmas verdades. Procure novos livros e cursos; interaja para trocar ideias e ampliar pontos de vista.
- **Cuide de seu físico:** os exercícios e a alimentação são as bases para sua saúde, e os cuidados também incluem exames médicos periódicos, assim como tudo o que seja saudável ao organismo: massagem, sono, relaxamento etc.
- **Cuide de seu espírito:** mantenha ativa a grande conexão consigo mesmo; por vezes, uma respiração consciente será a ponte com sua intuição, com o divino que existe dentro de você. Se desejar, escolha um caminho religioso para fazer essa conexão (mas não é necessário); ao optar por ele, ofereça-o também a seus filhos e diga sempre que eles são uma fonte inesgotável de amor.

Esses são grandes aprendizados para nós e que podemos transmitir como ensinamentos a nossos filhos. Use seu intelecto, ou seja, ative a curiosidade para saber mais a respeito de seus filhos e os incentive a praticarem a autocuriosidade. Conte para eles sobre seus sentimentos e os autorize também a sentirem. Mostre seu cuidado físico e os impulsione a fazerem o mesmo. Estimule-os a cuidarem de sua parte espiritual – se for pela religião, talvez não queiram segui-lo, mas é importante que saibam a respeito do assunto, porque você será sempre uma referência.

Olhar para você a partir de suas quatro Inteligências é também enxergar seu filho com uma visão ampliada. Ele é muito mais do que os resultados que apresenta hoje. Assim como você. Essa perspectiva tem o grande potencial de fazer nossa esperança florescer, afinal reconhecemos que somos muito mais!

O que será que dá para fazer, mais e melhor, a partir desse lugar onde estamos hoje?

10.
SEMEIE SUA MISSÃO

Uau, que jornada percorremos! Parabenize-se por cada trecho desta caminhada. Agora, quero contar algo especial.

Você sabe qual é sua grande missão nesta vida? Bem, imagino que você tenha seus desejos pessoais e, talvez, já tenha estabelecido sua missão, mas trarei algo aqui que suplantará seja lá o que você tenha definido. Sua missão é se amar. E qual é seu propósito maior? É se amar.

Nesta grande jornada que é viver, esse é nosso maior aprendizado; pois, à medida que você desperta o amor dentro de si, passa a se cuidar, autorresponsabilizar-se, aconchegar-se nos próprios braços, reconhecer suas raízes e agradecer pela oportunidade da vida com tudo o que ela entrega a você hoje.

É como consequência desse autoamor que você levará seu amor ao outro. Ele brotará e transbordará. É impossível você se amar e não amar o outro. Sempre penso sobre como podemos transformar nossos 20 metros – fazendo uma analogia às pessoas mais próximas de nós – em um grande oásis. A resposta que encontro é a mesma: com amor.

O filho que existe em você e em mim dá origem a todos os nossos papéis no mundo. Ao final, chegaremos sempre ao mesmo e único ser humano. É esse filho reconhecido dentro de nós que eleva nosso nível de consciência para beneficiar, inicialmente, nossos 20 metros. Se você e eu fizermos isso, e

o outro, o outro, o outro... beneficiaremos o mundo inteiro por meio do amor.

Então, nós, as árvores plantadas há mais tempo, contribuiremos não apenas para nossos filhos, mas também para as gerações seguintes. A meu ver, essa é uma obrigação da humanidade. Sem as árvores, a vida se extinguirá. Sem as crianças, a vida se extinguirá.

Se você chegou a esta página e ainda não é mãe ou pai, não se sinta na obrigação de ser, apesar de que minha ideia e meu desejo é que mais crianças brotem no mundo. Entretanto, é sua obrigação preocupar-se com a infância. Como trataremos nossas crianças? Que projetos podemos abraçar pela causa delas? O que nossa geração está gerando? Qual será sua parte?

Necessitamos entregar às novas gerações confiança e esperança. Essa é sempre uma decisão, uma escolha interna. É assim que vamos entregar uma boa floresta para nossos filhos e para os adultos do amanhã cuidarem.

Enquanto escrevia este livro, vivi outro momento de dor com minha filha Beatriz. Foi descoberto um tumor maligno em seu cérebro e já em estágio mais avançado. A cirurgia tinha de ser realizada e, assim, aconteceu. O procedimento foi comemorado pelos médicos como de grande sucesso, mas a Bê não voltou a mesma Bê.

Havia uma alegria e disposição que não retornaram, pois as capacidades neurológicas ficaram mais limitadas. Ali vivi um novo momento de perda. Permiti-me chorar, ficar triste,

sofrer... e aceitar e acreditar que ela dará conta de seguir em frente com os recursos que possui. Não direi a você que é simples, pois, na verdade, é um grande exercício de resiliência que envolve colocar em prática tudo o que experienciamos ao longo da trilha desta obra.

Vou sempre amparar e liberar a Bê para ela viver o que tem de viver. Guardadas as devidas proporções, muitos pais experienciam algo similar com os filhos. Continuaremos amparando-os e instrumentalizando-os; e, sim, eles viverão o que têm de viver.

É por isso que, a partir de todo o grande trabalho que nós fizemos, do nível mais avançado de consciência que percorremos, de todos os passos que realizamos, que temos de decidir seguir com confiança e esperança. Em outras palavras, podemos chamar isso de fé!

Plantar uma árvore é um ato de fé no futuro, porque não é necessariamente para você usufruir de sua sombra ou se beneficiar de seu processo de fotossíntese. Um carvalho, por exemplo, pode demorar cerca de cinquenta anos para se tornar adulto, enquanto a árvore considerada a mais antiga do mundo, o pinheiro bristlecone, pode levar milhares de anos – ela cresce cerca de 2,5 centímetros a cada cem anos.[34]

Temos fé de que aquela semente crescerá, aquele broto, se desenvolverá e beneficiará as próximas gerações. É como gerar um filho. Temos fé no futuro dele. A tendência é que

[34] ÁRVORE mais antiga do mundo nasceu antes da construção das pirâmides do Egito. **O Globo**, 30 abr. 2025. Disponível em: https://oglobo.globo.com/mundo/clima-e-ciencia/noticia/2025/04/30/arvore-mais-antiga-do-mundo-nasceu-antes-da-construcao-das-piramides-do-egito-saiba-onde-fica.ghtml. Acesso em: 2 abr. 2025.

nem vejamos toda a estrada de vida, por partirmos antes. No entanto, a voz de nossa sabedoria interna é guiada por confiança e esperança. Sua mãe e seu pai investiram em você, plantaram uma árvore não para viverem o futuro, e, sim, para o futuro existir.

Volto a pensar na rica oportunidade desta nossa conversa e a olhar para essa imensa floresta que há diante de nós, onde iniciamos esta jornada. Fecho os olhos e sinto novamente o frescor que a mata proporciona. Como não pensar no frescor que as crianças trazem?

Basta reparar a diferença quando entramos em uma escola de Educação Infantil e em uma empresa, onde só há adultos. Claro, são situações completamente diferentes, mas imagine por alguns instantes. Na escola há alegria, generosidade, companheirismo, curiosidade, espontaneidade, leveza, encantamento, entusiasmo... e muito amor.

O filho que você encontrou dentro de si já foi criança, veio repleto de amor e continuará semeando-o agora com ainda mais intensidade, autocuidado e autoamor. Resgate a alegria, a generosidade, o companheirismo, a curiosidade, a leveza, o encantamento, o entusiasmo... Resgate seu autoabraço e se sinta, também agora, abraçado por mim.

Lembre-se de que o solo é composto de diferentes pedras, e é parte da vida encontrarmos barreiras no caminho. A diferença agora é que você tem ferramentas para seguir o movimento da mudança em constância. Tenha este livro como um guia, exercite-o e instale o autoconhecimento com um processo em sua vida. Ele é transformador!

As crianças e as árvores representam a continuidade da vida em nosso planeta e a continuidade do amor. É por isso que você e eu, depois de todo o conhecimento que

adquirimos, não podemos deixar esta Terra sem cuidar de nossas crianças e plantar uma árvore. Sim, é nosso compromisso. Saiba que estou neste movimento em constância e meu convite é que você participe dele. Procure um lugar onde possa iniciar essa prática, e minha sugestão é que semeie as mudas que estão em extinção.

Faça por amor a si mesmo.
Faça por amor a seus filhos.
Faça por amor às crianças.
Faça por amor à Terra.
Faça por amor à vida.

Despedimo-nos aqui, mas de alguma forma sinto que seguiremos juntos e conectados pelo autoconhecimento.

Amor e luz!

BORA PLANTAR ÁRVORE E AMOR!

ADOTE UMA ÁRVORE

Ao adotar uma árvore, você ajuda a gerar água, a melhorar a qualidade do ar, a preservar a fauna e a flora silvestres, a produzir mais alimentos naturais, assim como a combater o aquecimento global e as mudanças climáticas. Existe todo um imenso e rico ecossistema envolvido em uma única ação sua. Em outras palavras, você está plantando mais vida e amor.

Convido agora você a abraçar este grande movimento comigo!

Aponte a câmera para o QR code a seguir e presenteie nossa Terra com as árvores.

copaiba.org.br/produto/heloisa-capelas

Eu me junto a você nessa ação, em parceria com a Copaíba, organização sem fins lucrativos, reconhecida como Organização da Sociedade Civil de Interesse Público (OSCIP), que atua no Brasil desde 1999 com iniciativas socioambientais de impacto nacional e internacional.

As florestas estão na base de nossa segurança e do legado que deixaremos.

Este livro foi impresso
pela gráfica Grafilar em
papel lux cream 70 g/m²
em novembro de 2025.